中高职物流服务与管理专业系列教材

船舶原理与积载

孙志强　主编

上海浦江教育出版社

图书在版编目(CIP)数据

船舶原理与积载/孙志强主编. —上海：上海浦江教育出版社有限公司,2023.6

ISBN 978-7-81121-818-3

Ⅰ.①船… Ⅱ.①孙… Ⅲ.①船舶原理—教材 Ⅳ.①U661

中国国家版本馆 CIP 数据核字(2023)第 120514 号

CHUANBO YUANLI YU JIZAI

船舶原理与积载

上海浦江教育出版社出版发行

社址：上海海港大道 1550 号上海海事大学校内　邮政编码：201306
电话：(021)38284910(12)(发行)　38284923(总编室)　38284910(传真)
E-mail：cbs@shmtu.edu.cn　URL：http://www.pujiangpress.com
上海商务联西印刷有限公司印装

幅面尺寸：170 mm×230 mm　印张：13.25　字数：202 千字
2023 年 6 月第 1 版　2023 年 8 月第 1 次印刷
责任编辑：周　悦　刘紫嫣　封面设计：赵宏义
定价：52.00 元

Preface 前 言

近年来航运业飞速发展,航运业在国民经济中的地位越来越重要,为了适应形势的发展,满足航运业职业教育人才培养的需要,上海海事大学上海港湾学校根据自己的港航特色与职业教育特点组织编写了《船舶原理与积载》一书。

本书以职业岗位需求为出发点,以就业为导向,以能力为本位,面向市场,面向社会,体现职业教育的特点,具有较强的针对性。本书结合最新的船舶技术发展和实际工作状况,力求简明,适应职业教育。全书共分为13个项目,每个项目有相应的子任务,13个项目分别是船舶认知、船舶结构认知、船舶主尺度和船型系数认知、船舶主要标志认知、船舶性能认知、充分利用船舶的装载能力、确保船舶有足够的强度、确保船舶有足够的稳性、确保船舶具有适当的吃水差、确保货物的运输质量、满足中途港卸货和缩短船舶在港时间、编制杂货船积载图、编制集装箱船积载图。本书主要面向职业院校学生,因此,本书以项目为引领,通过简洁明了的专业术语和大量的相关案例介绍,帮助学生对船舶货运有更加清晰的认知,提高自身的专业技能,为从事港航物流工作奠定坚实的基础。

本书由孙志强主编,上海引航站高级引航员蔡斌、招商轮船运营管理部总经理助理宦立林,以及盛斌、楼颖、陈茜、金新道、薄坤、和彦敏、宋彬、周立希、姜超雁等同事在专业和本书的结构编排过程中进行了悉心指导,刘全胜、包永刚、任关明等资深船长结合企业实践活动对本书的编写工作提出了宝贵的建议。此外,本书的编写还得到编者所在学校和上海浦江教育出版社的大力支持,在此向他们表示衷心的感谢。

在本书的编写过程中,编者参考、吸收了一些国内外专家学者的相关研究成果和企业工作者的经验,对所涉及的文献作者表示衷心的感谢。同时,有些参考资料由于无法确定来源和作者,未能在参考文献中列出,在此表示深深的感谢与歉意。

由于时间仓促、编者水平和行业视野的局限,书中难免存在诸多纰漏和不足之处,欢迎各位专家、读者予以批评和指正。

编者

2023 年 5 月

Contents 目　录

项目一　船舶认知 ··· 1

　任务一　客船认知 ··· 2

　　一、全客船 ··· 3

　　二、客货船 ··· 3

　　三、货客船 ··· 4

　　四、客滚船 ··· 4

　　五、火车客渡 ··· 4

　　六、高速客船 ··· 5

　任务二　货船认知 ··· 6

　　一、集装箱船 ··· 7

　　二、杂货船 ··· 9

　　三、散货船 ··· 10

　　四、滚装船 ··· 13

　　五、液货船 ··· 14

　　六、冷藏船 ··· 18

　　七、驳船及驳船队 ··· 18

　　八、半潜船 ··· 18

　任务三　其他船舶认知 ··· 21

　　一、军用舰船 ··· 23

　　二、渔业船舶 ··· 24

  三、工程船 ·· 24
  四、工作船 ·· 26
  五、海洋开发船 ··· 27

项目二 船舶结构认知 ·· 30
 任务一 船舶基本结构认知 ·· 31
  一、船体的基本组成 ·· 33
  二、船舶的基本结构 ·· 33
 任务二 典型船舶结构认知 ·· 39
  一、杂货船结构 ··· 40
  二、散货船结构 ··· 40
  三、集装箱船结构 ··· 40
  四、油船结构 ·· 42

项目三 船舶主尺度和船型系数认知 ·· 44
 任务一 船舶尺度认知 ··· 45
 任务二 船舶主尺度比与船型系数认知 ··· 49
  一、船舶主尺度比 ··· 50
  二、船型系数 ·· 51

项目四 船舶主要标志认知 ·· 54
 任务一 船舶主要标志认知 ·· 55
  一、船名和船籍港标志 ·· 56
  二、球鼻艏和侧推器标志 ··· 56
  三、烟囱标志 ·· 56
  四、分舱标志及顶推位置标志 ·· 57
  五、引航员登、离船标志 ··· 57
  六、船舶识别号（IMO 编号） ··· 58

　　　　七、公司名称标志 …………………………………………………… 59
　　任务二　船舶载重线认知 …………………………………………… 61
　　　　一、船舶吃水与吃水标尺 …………………………………………… 61
　　　　二、载重线标志 ……………………………………………………… 63
　　　　三、干舷和储备浮力 ………………………………………………… 65

项目五　船舶性能认知 ……………………………………………… 67
　　任务一　船舶的航行性能认知 ……………………………………… 68
　　　　一、浮性 ……………………………………………………………… 69
　　　　二、稳性 ……………………………………………………………… 69
　　　　三、抗沉性 …………………………………………………………… 70
　　　　四、快速性 …………………………………………………………… 71
　　　　五、适航性(耐波性) ………………………………………………… 72
　　　　六、操纵性 …………………………………………………………… 72
　　任务二　船舶的重量性能和容积性能认知 ………………………… 74
　　　　一、船舶的重要性能 ………………………………………………… 74
　　　　二、船舶的容积性能 ………………………………………………… 77
　　任务三　船舶的装卸性能认知 ……………………………………… 80
　　　　一、货舱布置 ………………………………………………………… 80
　　　　二、船体结构 ………………………………………………………… 82
　　　　三、起货设备 ………………………………………………………… 82

项目六　充分利用船舶的装载能力 ………………………………… 84
　　任务一　提高船舶的载重能力 ……………………………………… 85
　　任务二　充分利用船舶舱容 ………………………………………… 89
　　　　一、进行轻重货物搭配 ……………………………………………… 90
　　　　二、合理确定货位、紧密堆装、减少亏舱 …………………………… 92

项目七　确保船舶有足够的强度 ·· **94**
任务一　船舶强度认知 ··· 95
　　一、船舶纵向强度 ·· 95
　　二、船舶横向强度 ·· 97
　　三、船舶扭转强度 ·· 98
　　四、船舶局部强度 ·· 98
任务二　保证船舶强度的方法 ·· 100
　　一、船舶纵向强度保证方法 ·· 100
　　二、船舶局部强度保证方法 ·· 102

项目八　确保船舶有足够的稳性 ·· **105**
任务一　船舶稳性的认知 ··· 106
任务二　初稳心高度的计算 ·· 110
　　一、初稳心高度计算 ·· 110
　　二、影响船舶稳性的因素 ·· 116
任务三　初稳心高度的调整 ·· 119
　　一、初稳心高度调整 ·· 120
　　二、判断与保证船舶稳性的经验方法 ······························ 124

项目九　确保船舶具有适当的吃水差 ··· **127**
任务一　吃水差的要求 ··· 128
　　一、吃水差的概念 ·· 129
　　二、吃水差对船舶航海性能的影响 ·································· 129
　　三、适当的吃水差范围 ··· 129
　　四、空载航行时对吃水及吃水差的要求 ··························· 130
任务二　吃水差的计算 ··· 132
　　一、纵倾力矩和厘米纵倾力矩 ······································· 133
　　二、吃水差和艏、艉吃水的基本计算方法 ························ 134

任务三　吃水差的调整 ··· 139
    一、纵向移货调整吃水差 ·· 140
    二、打压载水调整吃水差 ·· 141
    三、吃水与吃水差计算图表 ·· 142
    四、保证适当吃水差的经验方法 ······································ 142

项目十　确保货物的运输质量 ·· **144**
  任务一　海上事故的原因 ·· 145
    一、积载不当 ·· 145
    二、货舱和货舱设备不适航 ·· 146
    三、装卸过程不当 ·· 146
    四、运输途中保管不当 ·· 147
    五、恶劣天气所造成的货损事故 ······································ 147
    六、货物的自然属性和潜在缺陷 ······································ 147
  任务二　保证货运质量的积载要求 ·· 149
    一、正确选择舱位 ·· 150
    二、正确解决货物的忌装问题 ·· 151
    三、货物在舱内堆垛、衬垫、隔票和系固 ······························ 152

项目十一　满足中途港卸货和缩短船舶在港时间 ···························· **158**
  任务一　满足中途港卸货顺序要求 ·· 159
  任务二　缩短船舶停港时间 ·· 164
    一、尽量平衡各舱装卸时间 ·· 165
    二、充分考虑操作安全方便性 ·· 166
    三、节省装卸费用 ·· 167

项目十二　编制杂货船积载图 ·· **169**
  任务一　熟悉杂货船积载图的编制程序 ···································· 170

一、编制积载图的准备工作…………………………………………… 171
　　二、编制积载图的步骤………………………………………………… 172
　任务二　杂货船积载图识读………………………………………………… 176
　　一、杂货船积载图绘制要求…………………………………………… 177
　　二、积载图图例识读…………………………………………………… 178

项目十三　编制集装箱船积载图………………………………………… 180
　任务一　集装箱船配积载原则认知………………………………………… 181
　　一、充分利用船舶的装箱容量和净载质量…………………………… 182
　　二、满足集装箱船的稳性要求………………………………………… 183
　　三、合理确定各类集装箱箱位和舱位………………………………… 183
　　四、满足集装箱装卸顺序和快速装卸的要求………………………… 188
　任务二　集装箱船积载图编制与识读……………………………………… 191
　　一、集装箱船配积载流程……………………………………………… 192
　　二、集装箱船积载图识读……………………………………………… 194

参考文献…………………………………………………………………… 199

项目一 船舶认知

内容简介

船舶(Boats and Ships),各种船只的总称。船舶是能航行或停泊于水域进行运输或作业的交通工具,按不同的使用要求而具有不同的技术性能、装备和结构型式。迈入21世纪,随着科学技术迅猛发展,传统的船舶不断朝大型化、专业化、智能化、信息化方向发展,各种新型船舶不断涌现。了解各种类型的船舶的特点,对合理安排旅客、货物运输尤为重要。本项目就各种类型的船舶进行介绍,为后面学习打下基础。

学习目标

1. 知识目标
(1) 掌握典型客船、货船的特点。
(2) 了解其他船舶的分类与用途。
(3) 了解船舶发展的趋势。
2. 技能目标
(1) 能够独立查找资料,并进行资料整理、汇总。
(2) 能够完成基础的文件整理、汇总工作。
(3) 能够辨识各种类型的船舶。

任务一　客船认知

【资料卡】

海洋交响号船舶小资料

英文名称：Symphony of the Seas

邮轮吨位：230 000 t

首航日期：2018 年 4 月

载客人数：6 780 人

客房数量：2 775 间

游客甲板：16 层

客用电梯：24 台

邮轮时速：22 kn(40 km/h)

邮轮长度：362 m

邮轮宽度：657 m

2017 年 3 月 8 日，全球豪华邮轮领导品牌皇家加勒比国际游轮(简称：皇家加勒比)旗下绿洲系列第四艘邮轮，皇家加勒比舰队中的第 26 名成员——海洋交响号正式宣布于 2018 年 4 月首航，将在地中海度过她的首个夏秋季航季，并于 2018 年 11 月初抵达迈阿密，与她的姐妹船海洋魅丽号相会于被誉为迈阿密之冠的全新皇家加勒比游轮码头。

海洋交响号拥有 16 层客用甲板，230 000 t 的吨位比此前保持邮轮吨位记录的海洋和悦号还要重 3 000 t；客房数 2 775 间，其中阳台房比海洋和悦号多 28 间；可搭乘 5 494 位乘客(双人载客最)，满载 6 780 位乘客，配有 2 175 位国际船员。

皇家加勒比旗下绿洲系列邮轮一直备受业界和消费者的喜爱，独具创新性的七大主题社区让乘客仿佛置身于海上城邦。包括中央公园、百达汇欢乐城、皇家大道、游泳池和运动区、活力海上水疗和健身中心、娱乐世界和青少年活动区在内的七大不同社区满足消费者对于邮轮的一切想象。在这里可以获得宛如置身于国际大都市的美食体验。不论是品味顶级美味的牛排烧烤餐厅，还是由杰米·奥利弗担任主厨的奥利弗意大利餐厅，又或是极具东方韵味的泉日式餐厅，还有浓郁墨西哥风味的萨波现代墨西哥餐厅，全球美食，尽待品尝。

10层甲板高的终极深渊，测试尖叫；甲板冲浪、攀岩，挑战极限；真冰溜冰场，体验畅爽疾驰；维塔丽缇水疗中心，全身心放松；完美风暴，体验三层甲板高的户外尖叫；戏水乐园，让孩子们欢乐童年。这里有极致奢华的皇家套房，有充满新鲜气息的中央公园号景观房，还有海景无敌的阳台房，更有极具性价比的虚拟阳台内舱房。

（资料来源：皇家加勒比国际游轮）

客船，指专门用于运送旅客及其所携带的行李和邮件的船舶。根据《国际海上人命安全公约》的规定，凡载客超过12人者均应视为客船。客船的特点：具有多层甲板的上层建筑，用于布置旅客舱室；设有较完善的餐厅和卫生娱乐设施；具有较好的抗沉性，一般为"两舱不沉制"或"三舱不沉制"，具有较好的抗沉性；配备有足够的救生、消防设施；航速较快，航行与操纵性能良好，并设有减摇装置，乘坐平稳、舒适。随着远程航空运输的发展，客船逐渐转为短途运输和旅游服务。按载客性质的不同，客船有以下几种。

一、全客船

全客船可分两类：一类是专用于运送旅客及其所携带的行李和邮件的船舶，主船体以上甲板层数多，生活设施仅满足旅客的一般旅行需要，抗沉性好，为定期定线航行，航速较高；另一类是用于休闲、旅游的豪华游船（邮船），该类船舶除主船体以上甲板层数多、抗沉性好之外，尚具有设计美观、吨位较大、生活设施豪华及通信导航设备先进等特点，且一般为非定期定线航行，如图1-1所示。

二、客货船

客货船（图1-2）在运送旅客的同时，还载运相当数量的货物，并以载客为主，载货为辅。一般设有2~3个货舱，通常设计为"两舱不沉制"，并为定期定线航行。

图 1-1　豪华游船（图片来源：上海引航站）

图 1-2　客货船（图片来源：上海引航站）

三、货客船

货客船以载货为主，载客为辅。货客船在抗沉性方面一般以"一舱不沉制"为最低设计求。

四、客滚船

客滚船指能载运旅客和滚装车辆的船舶。有多层甲板，造型特殊，上甲板平整，没有起重设备。在我国烟台—大连、海口—湛江航线上客滚船广泛应用。

五、火车客渡

火车客渡指在船内铺设铁轨用以载运火车的船舶，以弥补火车无法在水路通行的缺点。

六、高速客船

高速客船航速快、吨位小。目前国内高速客船主要在珠江口、长江口、台湾海峡和北海航行,以铝合金高速双体船为主,如台湾海峡间航行的穿浪铝合金双体客滚船海峡号,其船长接近 90 m,最大航速近 40 kn(74 km/h)。

【思考训练】

1. 将班级同学分成若干学习小组,将课本知识进行整理,收集各种资料,做一个"客船"基本知识的多媒体课件,学生和老师共同进行评比,选出最佳作品。

2. 搜集客船的相关资料,设计自己理想中的客船。

【思考训练注意事项】

1. 教师安排讨论内容,要求各小组分工明确。

2. 活动分工:各学习团队由队长组织协商,分派工作。

3. 活动开展:学习团队可以利用各种资源进行资料查询。

4. 总结:讨论后,各团队进行资料汇总,并加以整理,以 PPT 形式制作演示文稿。

【评价标准】

团队名称				
团队分工				
考评标准	内容		分值/分	实际得分/分
	小组分工是否明确		10	
	资料是否详细准确		40	
	设计是否合理		20	
	PPT 制作水平		10	
	PPT 演示水平		20	
	合计		100	

任务二　货船认知

【资料卡】

24 000 TEU 超大型集装箱船长韵号完工交付

2022年9月13日，中国船舶集团有限公司旗下沪东中华造船（集团）有限公司联合中国船舶工业贸易有限公司为长荣海运股份有限公司建造的24 000 TEU超大型集装箱船长韵号完工交付，比计划提前12天。该船是2022年6月22日沪东中华交付的长益号集装箱船的姐妹船，也是中国造船业在超大型顶级箱船建造领域取得的又一最新成果。该船的成功交付标志着沪东中华实现了全球最大级别箱船节拍化连续生产，沪东中华超大型箱船的生产建造、项目管理能力提升到了更高水平。

长韵号由沪东中华自主设计，拥有完全自主知识产权，入级美国船级社（ABS），投入运营后将服务于远东至欧洲航线。该船总长399.99 m，型宽61.50 m，甲板面积达24 000 m²，相当于3.5个标准足球场；货舱深度达到33.20 m，可承载24万t货物，一次可装载24 000多只标准集装箱，最大堆箱层数可达25层，相当于22层楼的高度，是目前全球运营的装箱量最大的集装箱船。该型船特别采用全封闭式桥楼设计，使室内噪声最小化，实现了全天候空调环境下操控作业，并对居住舱室采用时尚化和个性化的内饰设计，大大提升了船员工作、生活的舒适感。

沪东中华突破传统设计，采用迭代优化的分舱布置，增加了该型船在同尺度船型中的载箱数。同时，通过采用大肋距骨架、混合式横舱壁、一体化绑扎桥等创新的轻量化、简约化设计，使得该型船在同级别船型中承载能力更强，可装载的货物总量超过24万t。沪东中华还采用全球最新的水动力优化技术，使该型船在多装重载的情况下，实现高航速、低油耗。得益于沪东中华独特的玲珑型球鼻艏设计，并组合应用大直径螺旋桨和节能导管耦合优化技术，该型船快速性尤为突出,在海试时轻松超越 22.5 kn 的合同航速指标。与使用传统燃油的 23 000 TEU 集装箱船相比,尽管装箱量更多,但该型船每天航行可减少二氧化碳排放约 38 t,按 14 t 重箱装载换算,单位集装箱运输碳排放量减少 13.5%。

面对疫情和极端高温等考验,沪东中华建造团队在项目各参与方精诚协同下,采取严格的疫情防控措施,实施灵活的早晚作业工作制度,尤其是在长韵号试航期间,认真对照首制船的试验数据,做实做细各项准备,顺利实现长韵号主机耐久试验、航速测定和锚机舵机试验的一次成功,仅用 7 天时间就完成了试航任务。这也确保了长韵号从出坞到交船仅用时 3 个多月,并实现"零缺陷",不仅得到了船东的高度认可和赞赏,也充分表明沪东中华在超大型箱船生产建造工艺方面更加熟练精进,其全球超大型箱船建造中心地位日益稳固。

(资料来源:《文汇报》)

一、集装箱船

集装箱船,又称货柜船。广义指可用于装载国际标准集装箱的船舶;狭义指全部舱室及甲板专用于装载集装箱的全集装箱船舶。其运货能力通常以装载 20 英尺①换算标准箱的箱位表示。第一艘集装箱船是美国于 1957 年用一艘货船改装而成的。由于其装卸效率极高,停港时间大为缩短,并减少了运输装卸中的货损,因而得到迅速发展。到 20 世纪 70 年代,集装箱船已经成熟定型。集装箱船的形状和结构跟杂货船明显不同,它外形狭长,单甲板,上甲板平直,货舱开口大,开口宽度可达船宽的 70%~80%,甲板和货舱舱口盖上有系固绑缚设备,以便固定甲板上装载的集装箱,货舱内部装有固定的格栅导架,以便于集装箱的装卸和防止船舶摇摆时箱子移动。

1. 集装箱船的优点

1) 节约装卸劳动力,减少运输费用

一般货船采用单件或小型组合件形式装运,费力又费时。集装箱船采用国际统一规格的集装箱运输货物,打破了"一捆""一包"单件装卸的传统形式,大

---

① 1 英尺 = 30.48 厘米。

大减轻装卸工人的劳动强度,加快了装卸速度,减少人工装卸费用。

2) 减少货物的损耗和损失,保证运输质量

这是因为货物在生产工厂里就被装进一只只集装箱,中途经公路、铁路、水上运输,均不开箱,可直接被运送到用户手中。既可减少货物在运输途中的损耗和遗失,还可节约包装费用。

3) 装卸效率高

一艘集装箱船的货物装卸速度是相同吨位普通货船的3倍左右,而大型高速集装箱船的装卸速度差不多是同吨位普通货船的4~5倍,甚至更高,可减少船舶停靠码头时间,加快船舶周转,提高船舶、车辆及其他交通工具的利用率。由于集装箱船具有上述优点,所以,从集装箱诞生之日起就迅速改变了海上运输模式,集装箱船得到迅速发展,成为海上运输的主力。

2. 集装箱船的分类

集装箱船按照装运集装箱情况可分为部分集装箱船、全集装箱船和可变换集装箱船3种。部分集装箱船以船的中央部位作为集装箱的专用舱位,其他舱位仍装普通杂货。全集装箱船指专门用以装运集装箱的船舶。它与一般杂货船不同,其货舱内有格栅式货架,装有垂直导轨,便于集装箱沿导轨放下,四角有格栅制约,可防倾倒。可变换集装箱船,其货舱内装载集装箱的结构为可拆装式的。因此,它既可装运集装箱,必要时也可装运普通杂货。集装箱船航速较快,大多数船舶本身没有起吊设备,需要依靠码头上的起吊设备进行装卸,这种集装箱船也称为吊上吊下船。

按照集装箱船的发展情况可分为六代。第一代集装箱船,出现于20世纪60年代,集装箱装载数为700~1 000 TEU。第二代集装箱船出现于20世纪70年代,集装箱装载数增加到1 800~2 000 TEU,航速也由第一代的23 kn提高到26~27 kn。第三代集装箱船出现于1973年石油危机以后,这代船的航速降低至20~22 kn,但由于增大了船体尺寸,提高了运输效率,集装箱的装载数达到了3 000 TEU。第四代集装箱船出现于20世纪80年代后期,集装箱船大型化的尺寸限度以能通过巴拿马运河为准则,集装箱装载总数增加到4 400 TEU。作为第五代集装箱船的先锋,德国船厂建造的5艘APLC-10型集装箱可装载

4 800 TEU,这种集装箱船的船长与船宽比值为 7~8,船舶的复原力增大,这类集装箱船被称为第五代集装箱船。1996 年春季竣工的 Rehina Maersk 号集装箱船,最多可装载 8 000 TEU,这个级别的集装箱船拉开了第六代集装箱船的序幕。10 000 TEU 的超大型集装箱船首先在韩国问世,随后,10 000 TEU 以上的集装箱船在韩国、中国纷纷建造而成,标志着集装箱船进入了万箱时代。目前,24 000 TEU 以上的船不断涌现。

二、杂货船

杂货船(General Cargo Ship)是用于载运各种包装、桶装以及成箱、成捆等件杂货的船舶,又称普通货船。杂货船(图 1-3)一般具有 2~3 层全通甲板,根据船的大小设有 3~6 个货舱。甲板上有由高出甲板平面的舱口围壁形成的货舱口,上面设有水密舱口盖,一般可自动启闭。上甲板有时也装有不超过 10% 载货量的甲板货。在上甲板货舱口两端设有吊杆或立式塔形吊车,用于装卸货物。有的杂货船还备有 1~2 副重型吊杆,用于装卸大件重货。机舱设在船舶的中部或尾部。前者有利于调整船舶纵倾;后者可增大载货容积,但空载时有较大的纵倾。

图 1-3 杂货船(图片来源:上海引航站)

传统的班轮航线上运行的就是杂货船。自从集装箱船问世以来,杂货船逐渐退出了主要班轮航线的历史舞台。现在的杂货船一般没有固定的航线和船期,根据货源的情况和需要航行于各个港口之间。但杂货船由于自身独有的特点,在某些区域仍有优势。杂货船具有如下优点。

1. 吨位小、机动灵活

通常,远洋的杂货船总载质量为 10 000~14 000 t,有的杂货船可达 20 000 t 以上;近洋的杂货船总载质量为 5 000 t 左右;沿海的杂货船总载质量为 3 000 t 以下,在过去的几十年间总载质量大于 10 000 t 的杂货船数量无论在班轮还是租船市场上都大幅度下降,而总载质量小于 10 000 t 的杂货船数量却保持相对平稳。现全球杂货船队中有 80% 以上的杂货船总载质量是小于 10 000 t 的,这些杂货船吃水一般在 8.5 m 以下,对航道的要求低,且操纵性好,可以轻松地通过狭窄水道、桥梁、船闸。又因其所需的转弯半径小,故对港口的水域面积要求低,因此可以方便地进出各中小港口。

2. 可自带起货设备

自给自足是杂货船的特点,因为杂货船要装载各种各样的货物去条件不同的港口,所以它们都自备吊杆,有的还有配有重吊。杂货船自带起货设备,因此对码头的要求大大降低,只要前沿的水深足够、海况允许,杂货船就可以靠泊上去装卸,其活动范围就扩展到各个小型码头。小型码头的造价低,船舶所支付的港口使费就低,进而降低了船舶的营运成本。

3. 舱口、舱内空间大

新造的杂货船倾向于大舱、宽口,以便于装载大型货物。不同吨位的杂货船其舱口尺寸也不同,如一艘载质量为 5 000 t 的杂货船,其舱口尺寸在 10.5 m 左右,而万吨级杂货船的舱口尺寸则超过了 14.0 m。同时,杂货船的底舱都被设计成大舱,且底舱的甲板强度大,系固配件多,这就为装运重、大件货提供了方便。

4. 建造营运成本低

杂货船建造要求比集装箱船、油船、散货船低,因此杂货船的建造成本低。杂货船航行速度慢,可以选用低功率、价格便宜的主机。在船舶导航、通信设备和船员配备等方面,国家标准和国际公约对杂货船的要求也比其他船舶低。较低的航速能降低船舶的油耗,加上其他较低的费用,所以总体营运成本低。

三、散货船

散货船(图 1-4)指专门用于运载粉末状、颗粒状、块状等非包装类大宗货物的运输船舶。这类船舶主要分为普通散货船、专用散货船、兼用散货船以及特种散货船等。散货船有如下分类。

图 1-4 散货船(图片来源:上海引航站)

1. 普通散货船

普通散货船一般为单甲板、尾机型,货舱横截面为八角形。

常见的散货船吨位如下:

(1) 可以通航于圣劳伦斯水道,进出五大湖的 20 000~50 000 吨级的灵便型散货船。其中:轻便型(Handy)载质量为 20 000~35 000 t,吃水 10.0 m;大灵便型(Handymax)载质量为 40 000~47 000 t,吃水 11.5 m。

(2) 可通过巴拿马运的 60 000~70 000 吨级的巴拿马型(Panamax)散货船,吃水 13.0 m。

(3) 只能绕经非洲好望角或南美洲合恩角,载质量为 10 万~18 万吨级的好望角型(Capesize)散货船。由于苏伊士运河当局已放宽对通过运河船舶的吃水限制,该型船多可满载通过该运河。随着技术的进步和港口条件的改善,不断有更大型散货船出现,目前最大的散货船载质量已超过 40 万 t。

2. 专用散货船

专用散货船是根据一些大宗、大批量的散货对海上运输技术的特殊要求而设计建造的散货船,主要有运煤船、散粮船、矿砂船以及散装水泥船等。它们各自的特点如下:

（1）运煤船的船型最接近于普通散货船，船上设有良好的通风设备，以防止煤发热自燃。

（2）散粮船的舱容系数比普通散货船大，因为散装粮食的积载因数较大。散装粮食堆高在船舶航行中会逐渐下降，为限制其自由面效应，一般都将散粮船的货舱舱口围壁加高，并缩小货舱口尺寸使货物沉降后的表面积限制在舱口范围内。

（3）矿砂船对货舱的容积要求不大，因为矿砂的积载因数较小，但载荷较集中。为适当提高货物重心，改善船舶性能，利于货物装卸，常将双层底抬高，且货舱两侧设纵向水密隔壁，使货舱剖面呈较小的矿斗形，船体结构强度亦较大。

（4）散装水泥船的甲板上不设置吊杆式的起货装置，但为装卸水泥，通常会设有气动式或机械式的水泥装卸设备。为防止散装水泥飞扬、水湿结块，货舱口设计得较小，且船中部设有集尘室或在舱盖上装有空气滤器，上甲板和货舱口严格水密，有些船还采用双层舱壳或在船舱内设水密隔壁。

3. 兼用散货船

兼用散货船是根据某些特定的散货或大宗货对海上运输技术的特殊要求设计建造的，并具有多种装运功能的船舶，如矿-散-油兼用船。这类船舶吨位都比较大，舱容丰富，中间为矿砂或其他货舱，开有大舱口，能方便抓斗上下活动；两侧为油舱，能利用回程和矿砂、散货贸易的淡季装油，以提高船舶的营运经济效益。此外，根据货源情况，这类船舶常见的还有矿-油兼用船和散-油兼用船等。

4. 特种散货船

1) 大舱口散货船

大舱口散货船的货舱开口宽度达船宽的70%以上，并装有起货设备，既能装载散货，也能装载木材、钢材、橡胶、机械设备、新闻纸以及集装箱等，适应性很强。

2) 自卸散货船

自卸散货船是一种具有特殊货舱结构和自身装有一套自动卸货系统的运输船舶。它不必依赖港口设施就可进行集中操纵和快速自动卸货作业，适合于运送散装的矿砂、粮食、煤、水泥、化肥等。装有大功率自动卸货系统的船舶,其卸货速度为 6 000~10 000 t/h,有的甚至高达 20 000 t/h,因此大大缩短了港口卸货时间。自卸散货船在多港口卸货和海上转运散装货物中能显示出它的优越性。自卸散货船适用于航程较短以及卸货港设备较差的航线。

3) 浅吃水肥大型船

浅吃水肥大型船是在船型向大型化发展过程中出现的一种新型船舶。与普通货船相比,在吃水不变的情况下增加船宽,采用较大的宽吃水比的办法提高载质量从而大大提高船舶的经济性,主要适用于港口和航道水深受限制的水域,也是发展江海联运的首选船型。

四、滚装船

滚装船(图 1-5)是把装有集装箱及其他件货的半挂车或装有货物的带轮子的托盘作为货运单元由牵引车或叉车直接进出货舱进行装卸的船舶。滚装船是由汽车轮渡发展起来的专用船船,使用滚装船运输货物,能大大提高装卸效率、加速船舶周转,并有利于水陆直达联运。世界轿车运输广泛应用滚装船。

图 1-5 招商轮船唐鸿号(图片来源:招商轮船)

滚装船上甲板平整全通,上甲板下面有多层甲板。各层甲板之间用斜坡道或升降平台连通便于车辆通行。上层建筑位于船首或船尾,载货甲板面积较大。机舱在艉部主甲板下,烟囱位于两舷。有的滚装船甲板可以移动,便于装运大件货物。滚装船在艉部或艏部或船侧设有开口,开口处的水密门有的兼作跳板,有的则另设跳板,以实现船岸装卸作业滚上滚下。铰接式跳板一般以 35°~45°角斜搭到岸上,航行时跳板可折起。

滚装船由于结构及装卸作业等原因,船舶稳性变化较大。为解决船舶倾斜和摇摆的问题,须设置足够的压载及减摇装置。此外,由于车辆在舱内排放大量的废气,要具有大通风量的设备。滚装船与其他船舶相比有如下的优点。

1. 装卸效率高

滚装船是通过车辆活动来装卸货物的,每小时装卸货可达 1 000~2 000 t,能节省大量装卸劳动力,减少船舶停靠时间,提高船舶利用率,使船舶具有周转快和水陆直达联运方便的优势。而且实现了从发货单位到收货单位的"门-门"直接运输,减少了运输过程中的货损和差错。

2. 船与岸都不需要起重设备

即使港口设备条件很差,滚装船也能高效率装卸。滚装船码头上不需要起重设备,也不需要大规模改造、扩建码头,增添装卸设备。

3. 具有更大的适应性

滚装船不仅能装载汽车、集装箱,还能运载一些特种货物和各种大件货物,如专门装运钢管、钢板的钢铁滚装船,专门装运铁路车辆的机车车辆滚装船,专门装运钻探设备、农业机械的专用滚装船。滚装船还可以混装多种物资及用于军事运输。

滚装船在中国的海上航线应用很多,如在烟台—大连,海口—湛江等轮渡口岸都有广泛的应用。

五、液货船

1. 油船

油船(图 1-6)是专门用于载运散装石油及成品油的液货船。油船一般分为原油船和成品油船两种。

油船载运的是易挥发、易燃烧、易爆炸的危险货物,这决定了油船在构造、设备以及营运方面必须考虑到防火、防爆、防污染等要求。各国政府及世界海事组织为此专门制定了一系列安全规章以保障油船的安全及防止海洋污染。

油船多为尾机型船舶,以防止烟囱火星散落到油舱区域而引起火灾。为防

图 1-6 招商轮船全球首艘智能超大型油船凯征号（资料来源：招商轮船）

止石油在船体内部渗漏，油舱区域前后两端与艏尖舱、机舱或泵舱之间加设隔离舱。为满足防污染的要求，现代大型油船已为双壳结构（1989 年埃克森·瓦尔迪兹号油船事故后，国际海事组织规定所有 1996 年后建造的 5 000 t 以上的油船必须拥有双壳结构。2001 年又一次油船事故后，国际海事组织决定从 2015 年开始只有双壳油船可以在海洋上运行。所以，建造的超大型油船都属于双壳油船）。油舱多设 1~3 道纵向舱壁，以减少自由液面对船舶稳性的影响，同时也利于装载不同种类的石油。油船的装卸有专门的油泵和油管，为了便于卸净舱底的残油设有扫舱管系。为降低石油的黏度以便装卸，设有加热管系。油船为单甲板，甲板上一般不设起货设备和大的货舱口。由于干舷较小，甲板上常设步桥，以便船员安全通行。

原油船载运的油种单一，船舶吨位较大。随着港口条件改善与船舶建造技术的发展，使得原油船在航道许可的条件下尽可能大型化，以取得规模效益。成品油船一般比原油船小。由于成品油品种较多，为避免混装，船上装有较多的独立装卸油泵和管系。原油船按载质量有如下划分。

（1）通用型（载质量为 1 万 t 以下）。

（2）灵便型（一般称之为 1 万~5 万吨级的油船，分大灵便和小灵便型。大灵便型载质量为 4 万~5 万 t。灵便型油船特点是灵活性强、吃水浅、船长短、舱数量多）。

(3) 巴拿马型(船型以巴拿马运河通航条件为上限,譬如运河对船宽、吃水的限制,载质量为 6 万~8 万 t)。

(4) 阿芙拉型(载质量为 8 万~12 万 t)。

(5) 苏伊士型(船型以苏伊士运河通航条件为上限,载质量为 12 万~20 万 t)。

(6) VLCC(巨型原油船,载质量为 20 万~30 万 t)。

(7) ULCC(超巨型原油船,载质量为 30 万 t 及以上)。

2. 液化气船

液化气船(图 1-7)是专门装运液化气的液货船。这种船舶装有特殊的高压液舱,先把天然气或石油气液化,再用高压泵打入液舱内运输。液化气船分为液化天然气(LNG)船与液化石油气(LPG)船。由于天然气和石油气的液化工艺不同,因此,其运输方式也不同。

图 1-7 招商轮船常规型 LNG 船大鹏昊号(图片来源:招商轮船)

1) LNG 船

LNG 船液货舱采用能够承受低温而不致脆裂的镍合金钢或铝合金制造。与船体外壳间保持一定的隔离空间。根据液货舱的结构不同,LNG 船分为独立储罐式和膜式两种。

早期的 LNG 船为独立贮罐式,是将柱形、筒形、球形等形状的贮罐置于船内。贮罐本身有一定的强度和刚度。船体构件对贮罐仅起支持和固定作用。20 世纪 60 年代后期,出现了膜式 LNG 船。这种船采用双壳结构,船体内壳就是液货舱的承载壳体。在液货舱里衬有一种由镍合金钢薄板制成的膜,它和低温液货直接接触,但仅起阻止液货泄漏的屏障作用,液货施于膜上的载荷均通过膜与船体内壳之间的绝热层直接传到主船体。同独立贮罐式相比,膜式的优点是容积利用率高,结构质量轻,因此新建 LNG 船,尤其是大型的 LNG 船,多数采用膜式结构。膜式结构对材料和工艺的要求高。此外,日本还发展出一种构造介于两者之间的半膜式船。

LNG 船设备复杂,技术要求高,相比同级别载质量的油船主尺度较大,因此造价也大得多。LNG 船一般都设有气体再液化装置,也可运送 LPG。

2) LPG 船

石油气可以通过常温加压或常压冷冻 2 种方式液化。根据液化方式的不同,LPG 船分为压力式、半冷冻半压力式和冷冻式 3 种。压力式 LPG 船是将几个压力贮罐装在船上,LPG 在高压下维持其液态。这种形式构造简单,20 世纪 30 年代就已出现,并且容量在 6 000 m^3 以下的小船仍然普遍采用此形式。石油气冷冻液化后的体积比加压液化后的体积小 2%~6%,所以 20 世纪 60 年代初有了半冷冻半压力式 LPG 船。后来又发展出冷冻式 LPG 船(液货舱内的温度约为 -50 ℃,压力约为 0.28 bar[①]),这种船为双壳结构,液货舱用耐低温的合金钢制造并衬以绝热材料,容量大都在 1 万 m^3 以上。船上设有气体再液化装置,可将蒸发出来的石油气再液化送回液货舱。

LPG 船不能运送 LNG,所以其大型化发展速度不如 LNG 船快,容量不超过 10 万 m^3 的液化气船的吨位一般以货舱容积(m^3)表示。

3. 液体化学品船

液体化学品船是专门载运各种液体化学品,如醚、苯、醇、酸等的液货船。由于液体化学品一般都具有易燃、易挥发、腐蚀性强等特性,有的还有剧毒,所以对船舶的防火、防爆、防毒、防泄漏、防腐蚀等方面有较高的要求,通常设双层底和双层舷侧。又由于液体化学品品种繁多,往往需要同船运输,所以货舱分隔较多,以便运输多种化学品,并且有各自专用的货泵和管系。货舱内壁和管系采用不锈钢或抗腐蚀涂料,并且对货物的围护和各种系统的分隔都有周

---

① 1 bar = 10^5 Pa。

密的布置。

为了确保运输安全,国际上将液体化学品船按货种危险性大小分成3类。

(1) 专门用于运输危险性最大的货物的船舶,要求船舶具有双层底和双层舷侧,双层舷侧所形成的边舱宽度不小于1/5船宽,以防船舶碰撞搁浅而造成液体泄出船外。

(2) 专门用于运输危险性略小的货物的船舶,其在结构上的要求与第一类船舶相同,但边舱宽度可小于第一类船舶。

(3) 用于运输危险性更小的货物的船舶,其构造与油船相似。

六、冷藏船

冷藏船指专用于运输鱼肉、水果、蛋品等易腐鲜货的船舶。其特点是具有良好的隔热设施与制冷设备,货舱口小,货舱甲板层数较多(一般为3~4层),船速较快而吨位较小,通常为数百吨到数千吨。由于冷藏集装箱的发展部分代替了冷藏船的运输功能,所以冷藏船的规模不断的萎缩。

七、驳船及驳船队

驳船指本身无动力,依靠拖船或推船带动的平底船。船上设备简单,本身没有起货设备。载质量从几十吨到数千吨,主要在沿海、内河和港内载运或转运物资。一般由几艘至十几艘驳船再加上拖船(或推船)组成驳船队来运输货物。按装货的方式不同,驳船可分为甲板驳和舱口驳两种,前者货物装在甲板上,而后者则装在货舱内。现在还有一种半舱驳,其货舱底低于甲板,却又高于一般的货舱底,兼有舱口驳和甲板驳两者的优点。按驳船装载的货物种类不同,除一般的货驳外,还有专用的油驳、矿砂驳、泥驳、牲畜驳和化学品驳等。

驳船结构、设备简单,营运时可按运输货物的种类而随时编组,船的利用率高,所以驳船在内河运输中占有重要地位。

八、半潜船

半潜船(Semi-submersible 或 Semisubmerged Ship)也称半潜式母船(图1-8),其通过本身压载水的调整,把装货甲板潜入水中,以便将所要承运的特定货物(如驳船、游艇、舰船、钻井平台等)从指定位置浮入半潜船的装货甲板上,即将货物运到指定位置。

半潜船是一种特殊的船舶,与一般的水面船只不同,半潜船通常拥有较深的吃水,但又不似潜水艇般完全隐没于水中,而是有部分船体或结构外露在水面外的。由于隐没在水中的体积比例高,因此半潜船比较不容易受到海面上的波浪影响,能够保持较佳的稳定性而适合当作水上的工作平台使用。

图1-8 半潜船(图片来源:上海引航站)

【思考训练】

1. 将班级同学分成若干学习小组,每组收集一个类型的船舶的信息,结合课本知识进行整理,做一个"货船"基本知识的多媒体课件,学生和老师共同进行研讨,选出最佳作品。

2. 搜集典型货船船舶规范,选出其中的一种,结合其主要功能进行详细介绍。

【思考训练注意事项】

1. 教师安排讨论内容,要求各小组分工明确。

2. 活动分工:各学习团队由队长组织协商,分派工作。

3. 活动开展:学习团队可以利用各种资源进行资料查询。

4. 总结:讨论后,各团队进行资料汇总,并加以整理,以PPT形式制作演示文稿。

【评价标准】

团队名称			团队负责人	
团队分工				
考评标准	内容		分值/分	实际得分/分
	小组分工是否明确		10	
	资料是否详细准确		40	
	团队协作水平		20	
	PPT制作与演示水平		10	
	资料收集能力		20	
	合计		100	

任务三　其他船舶认知

【资料卡】

山东舰为什么叫"山东舰"

我国第一艘国产航空母舰命名中国人民解放军海军山东舰,舷号17。航母命名有何讲究?人民海军航空母舰作为最大的水面作战舰艇,命名以省、自治区、直辖市来命名。海军舰艇是浮动的国土,经常独立和分散或与其他军兵种联合执行各种战斗勤务。为了便于通信联络、指挥和调动,每艘舰艇从诞生时起就有了自己的舷号和名字,于是便产生了中国海军舰艇命名规则。

1. 舰艇的舷号

每一艘军舰都有正式的名称,即涂装在船舷上的数字编号,统称为舷号,如2008年12月赴亚丁湾、索马里海域执行护航任务的三艘军舰的舷号分别是169武汉舰、171海口舰和887微山湖舰。

2. 中国海军舰艇的命名规则

舰艇舷号为新型白色立体字和旧式黑色平面字:1字头为驱逐舰;2字头、3字头为常规潜艇;4字头为核潜艇;5字头为护卫舰;6字头为反潜护卫艇(猎潜艇);7字头为导弹护卫艇;8字头为补给舰、扫雷舰;9字头为登陆舰;33字头为气垫登陆艇。

3. 舰艇名

每一艘舰艇都有一个中文的名字,如福州舰、杭州舰、浏阳舰等。舰艇的中文名称不是随意取的,而是有严格的规定的。经中央军委批准,海军于1978年11月18日公布了《海军舰艇命名条例》,条例中规定各类舰艇的命名机关、命名规则和相关规定。1986年7月10日,海军又对《海军舰艇命名条例》加以补充和修订。

新建造和新入列(或更名)的舰艇,由批准授名机关正式授予舰名和舷号,颁发舰艇命名证书,按照《海军舰艇命名条例》的规定举行命名入列典礼。舰艇命名享受"终身制",中途一般不予更名。

4. 命名的区域划分

为了避免舰艇出现重名的现象,海军舰艇名的授予必须严格按区域划分。北海舰队辖区,用华北、东北、西北等十四省(直辖市、自治区)的地名:辽宁、吉林、黑龙江、内蒙古、青海、甘肃、宁夏、陕西、山西、北京、天津、河北、山东、河南;东海舰队辖区,用华东七省(直辖市、自治区)及新疆的地名:上海、江苏、浙江、安徽、福建、江西、湖北、新疆;南海舰队辖区,用华南及西南九省(直辖市、自治区)的地名:湖南、广东、广西、海南、四川、重庆、贵州、云南、西藏。不过也有例外的情形,如属于南海舰队的169武汉号、170兰州号驱逐舰,533台州号、569运城号护卫舰,945华山号登陆舰等的舰名,都不是华南、西南地区的地名。559佛山号、566怀化号护卫舰则属于东海舰队,是广东省和湖南省的地名。

5. 以人名命名的舰艇

凡事都有例外。在人民海军的舰艇序列中,有几艘特别的军舰是用人名命名的:一艘是郑和舰(即81舰),以纪念我国伟大的航海家郑和而命名;另一艘是世昌舰(即82舰),以纪念在中日甲午海战中壮烈牺牲的民族英雄邓世昌而命名。这两艘远洋综合训练舰都属于大连舰艇学院。

此外,还有用我国科学家的姓名命名的武器装备试验舰:891毕昇号、892华罗庚号、894李四光号等。还有872竺可桢号远洋综合调查测量船,用了我国著名的地理学家、气象学家的名字来命名。

6. 舰艇中文命名的具体规定

巡洋舰以上:由国务院特别命名。巡洋舰:以行政省(区)或直辖市命名。驱逐舰:以大、中城市命名,如宁波号驱逐舰。护卫舰:以中、小城市命名,如东莞号护卫舰。综合补给舰:以湖泊命名,如千岛湖号补给舰。弹道导弹核潜艇:以"长征"加序列号命名,如长征6号。攻击型核潜艇:以"长征"加序号命名,如长征4号。常规导弹潜艇:以"远征"加序号命名,如远征23号。常规鱼雷潜艇:以"长城"加序号命名,如长城18号。扫雷舰:以州或县命名,如鹤山号、霍邱号扫雷舰。猎潜艇、护卫艇：以县命名，如南海号、番禺号护卫艇。船坞登陆舰、坦克登陆舰：以山命名，如井冈山号登陆舰。步兵登陆舰：以河命名，如黄河号登陆舰。训练舰、武器试验舰：以人名命名，如郑和号远洋综合训练舰。辅助舰船：以所在海区和性质的名称（如南运、东拖、北油、东标等），再加序号命名。

一、军用舰船

军用舰船是执行战斗任务和军事辅助任务的各类船舶的总称。通常分为战斗舰艇和辅助舰船两大类。战斗舰艇有水面战斗舰艇和潜艇之分，按其基本任务的不同又可分为不同的舰种；辅助舰艇则是专门为战斗舰艇提供各种战勤保障的服务舰船。

水面战斗舰艇是执行水面战斗任务的海军舰艇，是现代海军的主要装备。水面战斗舰艇按其排水量大小分为大、中、小 3 型：大型水面战斗舰有航空母舰、巡洋舰等；中型水面战斗舰艇有驱逐舰、护卫舰等；小型水面战斗舰有护卫艇、鱼雷艇、导弹艇、猎潜艇、布雷舰、扫雷舰、登陆舰艇等。在水面战斗舰艇中标准排水量在 500 t 以上的通常称为舰，500 t 以下的通常称为艇。

水下战斗舰艇即潜艇，是一种能潜入水下活动和作战的舰艇。主要用于攻击敌水面舰船和潜艇，袭击敌沿岸主要设施和岸上的重要目标，破坏敌海上交通线，也可用于布雷、侦察等。潜艇具有隐蔽性好、机动灵活、自给力和续航力较大、突袭力较强的特点。潜艇通过向两边的储水箱中注水或排水使自身的重力增大或减小，来达到升降的目的。

潜艇种类很多，潜艇按其动力不同，分为常规动力潜艇和核动力潜艇。常规动力潜艇通常以蓄电池和柴油机为动力，故又称蓄电池潜艇；核动力潜艇以核反应堆为动力，又称核潜艇。

水下战斗舰艇按其装备武器不同，分为火炮潜艇、鱼水雷潜艇和导弹潜艇。火炮潜艇为早期潜艇，装备有火炮，用于防空；鱼水雷潜艇装备有鱼雷和水雷武器，现代的常规动力潜艇通常是鱼水雷潜艇；导弹潜艇装备有导弹武器，按其执行任务不同，分为战略导弹潜艇和攻击潜艇。

辅助舰艇，亦称勤务舰船，或军辅船，用于海上战斗保障、技术保障和后勤保障等。依其使命分为补给舰船、运输舰船、侦察船、医院船、靶船、测量船、打捞救生船、拖船等。

二、渔业船舶

渔业船舶,即渔船,是进行鱼类捕捞、加工、运输的船舶的统称,是捕捞和采收水生动植物的船舶,也包括现代捕捞生产的一些辅助船只,如进行水产品加工、运输、养殖、资源调查、渔业指导和训练以及执行渔政任务等的船舶。按渔船所担负的任务可分为捕捞渔船和渔业辅助船两大类。一般渔船有如下特点。

（1）多数捕捞船只的船型较小,为了适应在风浪中连续航行和作业,要求有较好的稳定性、耐波性和适航性,结构须特别牢固。

（2）作业期间载质量变化较大。

（3）船用设备要求结构性能可靠、坚固耐用、维修方便。

（4）主机功率较大,相对速度较高。

（5）除配置一般船用设备外,还需要配备捕捞设备、保鲜和加工设备、助渔和导航设备等,渔船要求隔热设施性能好。

三、工程船

工程船是在港口、航道、水利及船厂等水域从事工程作业的船舶。工程船上装备有相应的工程机械装置。工程船设备复杂,专业性强,船舶种类繁多。现代工程船舶的任务相当广泛,工程船按功能主要分为挖泥船、起重船、打捞船、救助船、打桩船、铺管船、布缆船、浮船坞等。

1. 挖泥船

挖泥船主要作用是负责清挖水道与河川淤泥,以便其他船舶顺利通过。具体包括：挖深、加宽和清理现有的航道和港口；开挖新的航道、港口和运河；疏浚码头、船坞、船闸及其他水工建筑物的基槽,以及将挖出的泥沙抛入深海或吹填于陆上,注地造田等。

挖泥船的工作能力是以每小时能挖多少立方米泥土来衡量的,挖泥船有机动和非机动之分,按施工特点又可分为耙吸式、铰吸式、链斗式、抓斗式和铲斗式等。

耙吸式挖泥船通过置于船体两舷或尾部的耙头吸入泥浆,以边吸泥、边航行的方式工作。耙吸式挖泥船机动灵活,效率高,抗风浪能力强,适宜在沿海港口、宽阔的江面和船舶锚地作业。

绞吸式挖泥船是在疏滩工程中运用较广泛的一种船舶。利用吸水管前端围绕吸水管装设的旋转绞刀装置,将河底泥沙进行切割和搅动,再借助强大的泵力,将绞起的泥沙物料经吸泥管输送到泥沙物料堆积场。其挖泥、运泥、卸泥等工作过程可以一次连续完成,是一种效率高、成本较低的挖泥船,是良好的水下挖掘机械。目前,中国已不断建设多艘挖泥效率高的大型挖泥船,如天鲸号绞吸式挖泥船,其强大的填沙能力居世界顶尖地位。

2. 起重船

起重船是用于水上起重作业的工程船舶,又称浮吊、浮式起重机,多为非自航式,也有自航式。船上起重设备分为旋转式和固定式。自航旋转式起重船用于调迁频繁的工地,一般配有副钩,吊杆可以变幅。固定式起重船一般用于吊重大件货物,配有副钩,起升高度和幅度依作业需要而定。一般起升高度可达 80 m,幅度可达 30 m,可以变幅。

3. 打捞船

打捞船是专门用于打捞沉船和水中其他船舶的船舶,按打捞方式主要分以下几种。

1)浮筒式打捞

它是将水密浮筒灌水后沉到海底,并以适当形式与沉船可靠连接,然后用压缩空气排出浮筒中的海水,依靠其浮力连同沉船一起浮出水面。

2)起吊式打捞

用若干根钢索横穿船底绑住船体,利用浮吊将沉船吊起。由于沉船往往陷入海底泥沙中,需要用高压水气管在底部冲出一条通道,并用泵将冲开的泥水用管子吸排出去以便于潜水员进行穿缆工作。

3)充塑式打捞

在沉船的浸水舱内充入发泡塑料。在发泡塑料发泡后,即能将舱内积存的水排出,产生浮力使船升起。

4）金属筒式打捞

将特制的金属筒沉入水下，置于沉船的上方，点燃引信后，金属筒与沉船接触部分的助熔材料把圆筒与沉船表面焊接起来，然后用提升装置将金属筒与沉船一起提升到水面。

4. 救助船

救助船包括救助拖船、远洋打捞救生船和海难救助船。

1）救助拖船

救助拖船用于对海上失事船舶进行援助抢险，具有良好的稳性和耐波性，保证在恶劣的气象条件下能出航营救。航速在 18 kn 以上，具有大功率的拖曳能力和可靠的拖带设备。为了扑灭失事船舶可能发生的火灾，船上应有良好的消防设备，设有泡沫灭火舱、高速喷射泡沫灭火装置和液态氨舱，和外界的通信联络应安全可靠。

2）远洋打捞救生船

远洋打捞救生船的设备更为先进，船上装备深水锚、各种打捞救生作业用的艇和舰载打捞直升机，具有优良的性能和远洋打捞救生的能力。

3）海难救助船

海难救助船是专用于救援遇难船的工作船，其外形与大型拖船相似，但航速较快，具有良好的适航性能，并配有各种救助设备。

四、工作船

工作船是为港口业务、航行船舶提供服务或专业性工作的船舶。工作船的类型也很多，主要有引航船、破冰船、交通船等。

引航船（图 1-9）也叫引水船、领航船。用于接送港口引航员上下外国船舶，并引导外国船舶安全进出港口。通常当外国船舶进入我国领海水域或港口时，先在指定锚地停泊等待，接受海关边防和检疫人员的指挥和检查，然后由引航员负责指挥外国船舶安全进港；出港时也由引航员引导驶向公海水域。进入我国领海和港口的外国船舶，都必须在其船舶桅杆上升起我国国旗，并接受检查，听从引航员的指挥，这也是国际惯例。

图 1-9 引航船（资料来源：上海引航站）

五、海洋开发船

海洋开发指对海洋及其周围环境（海洋大气、海岸、海底）等资源进行开发和空间利用的一切活动。海洋开发船是完成海洋开发工作的重要工具和装备，其种类很多，主要有海洋调查船、钻井船、钻井平台、海洋环境保护船、海洋教学实习船等。

1. 海洋调查船

海洋调查船是在特定海域从事海洋现场观测、采集样品和科学研究的船只。海洋调查船按其调查任务可分为综合调查船、专业调查船和特种海洋调查船。

1）综合调查船

综合调查船上有许多仪器设备，可同时观测和采集海洋水文、气象、物理、化学、生物和地质等的基本资料和样品，并进行数据整理分析、样品鉴定和初步综合研究。综合调查船具有优良的稳定性、操纵性、续航能力、自持能力，同时具备防摇、防震、防噪声干扰以及供电、导航等性能。

2）专业调查船

专业调查船的船体较综合调查船小，任务单一，常见的有海洋测量船、海洋物理调查船、海洋气象调查船、海洋地球物理调查船、海洋渔业调查船和打捞救生船。

3）特种海洋调查船

特种海洋调查船是按专门任务建造的结构特殊的调查船，如航天用远洋测量船。船上配备的仪器设备可考察高层大气,接收卫星或宇宙飞船等太空装置发来的信号,并可向太空装置发射信号。

2. 钻井船

钻井船是用来在水上钻井并可移位的船。钻井时漂浮在水上,适于深、浅水作业。多将井架设在船的中央,以减小船体摇荡对钻井作业的影响。具有自航能力的称为钻井船,无自航能力的称为钻井驳。钻井船采用锚泊系统或动力定位系统,可以使船锚碇于海底井口上方进行钻井作业。钻井船的早期形式为钻井驳船,多用旧船改装,只适用于浅海等风浪较小的海域。现代钻井船多为专门设计,全部钻井设备和生活设施都在船上,能自航并有向大型化发展的趋势。钻井船的优点是移动灵活、适应水深大、自持能力强。其缺点是受风浪影响大、稳定性差。

3. 钻井平台

钻井平台(图1-10)是主要用于钻探井的海上结构物。平台上装备钻井、动力、通信、导航等设备,以及安全救生和人员生活等设施。钻井平台是海上油气勘探开发不可缺少的一类船舶,主要分为移动式平台和固定式平台两大类。

图1-10 钻井平台(资料来源:上海引航站)

【思考训练】

1. 将班级同学分成若干学习小组,讨论我国海军快速壮大的原因。
2. 搜集我国天鲸号船舶资料,结合其主要功能进行详细介绍。

【思考训练注意事项】

1. 教师安排讨论内容,要求各小组分工明确。
2. 活动分工:各学习团队由队长组织协商,分派工作。
3. 活动开展:学习团队可以利用各种资源进行资料查询。
4. 总结:讨论后,各团队进行资料汇总,并加以整理,以PPT形式制作演示文稿。

【评价标准】

团队名称		团队负责人	
团队分工			
考评标准	内容	分值/分	实际得分/分
	小组分工是否明确	10	
	资料是否详细准确	40	
	团队协作水平	20	
	展示水平	10	
	资料收集能力	20	
	合计	100	

项目二 船舶结构认知

内容简介

船舶是一个复杂的空间结构,为了保证船舶有一定的浮性,能够装载旅客与各种货物,船体结构必须有可靠的水密性和坚固性,并且还要符合各种船舶的不同使用要求。认识船舶结构,有助于了解船舶性能特点。

学习目标

1. 知识目标

(1) 掌握船舶主要部位名称。

(2) 了解船舶结构。

(3) 了解不同类型船舶的结构。

2. 技能目标

(1) 能够独立查找资料,并进行资料整理、汇总。

(2) 能够完成基础的文件整理、汇总工作。

(3) 能够辨识各种船舶的不同结构。

任务一 船舶基本结构认知

【资料卡】

从055的长宽比和舰首看该舰如何高端,
适航性居我国现役战舰第一位

我国主力水面战舰,几乎如出一辙都采用倾斜式直线艏,从20世纪70年代第一款自行建造的051型驱逐舰起,一直到052C/D,从053H3到054A和056,一如既往全都是倾斜直线艏,然而到了055大驱,突然画风一转,变成了飞剪式舰首,让人眼前一亮。

055驱逐舰的舰首,是典型的全封闭外飘变内倾的飞剪式舰首,并非二战前后战列舰标志性的飞剪式,而是融合了中国创新智慧发展出来的一款线条更优美、耐波性更优良、高度隐身化的飞剪式舰首。

小小的舰首不起眼,却是百年战舰发展史的缩影,是多少代人不断实践的结晶。标准的飞剪艏是从高高翘起的顶端斜切而下的,到了球鼻艏位置过渡到近乎垂直,而舰首两舷顺势向后外飘式延伸而去,整个船首面积明显增大,入水后能获得更大的抬升力,不易被大浪扑上来,不上浪、不埋艏。但这种设计一个极大的弊端就是舰船前部面积增大,吨位增加不少。

055的舰首在折线以上的舰体处开始转为内倾,虽外飘但不过分外飘,合理地回收,最前端和主甲板构成了一个尖锐的多面体全封闭结构,和前甲板齐平过渡,即便有海浪涌上,也会从甲板上顺滑而下,所有的锚机、系缆桩等锚泊设备都内置于舰首甲板下,舰面非常干净整洁和光滑,隐身效果好。

从正面一眼看过去,舰首的折线在顶部开始内倾,到主炮位置前方又开始稍稍外倾,之后又开始内倾,整个曲线优美而复杂,最大程度追求了极致的适航性和隐身性,在各个方向上有效消除了雷达波的反射。

目前只有法国最新的FREMM护卫舰(阿基坦级)和055舰首设计类似,不过该舰的船首整体呈圆弧形，没有055尖锐，线条也简化了很多，复杂程度和建造难度远不及055，况且该舰排水量只有6 000 t，不到055的一半。

055从舰首到球鼻艏位置，整个线条弧度优美圆滑，就像画家一笔画出来的弧线一样，特别是到了船首与球鼻艏的结合部，没有采取典型的垂直线条，而是有一个大的弧度，就像圆月弯刀，美国阿里伯克级在这个位置弧度小得多。055这样设计的目的在于可对迎头而来的暗涌有更好的卸力效果，利于高航速和整体更优良的航海性，虽然055动力强劲，但仍做到了尽量不浪费，减少舰首和海浪的对抗，就像太极的四两拨千斤一样，用巧劲卸力，刚柔并济。所以055的舰首工艺复杂、造价高昂，也只有055这样级别的驱逐舰才配得上此种设计优良的舰首。

通过小小的舰首，足以看出055为何高端和顶级。055在舰体风格设计上继承了052D的优点，保留了相似的舭龙骨和减摇鳍，球鼻艏则更加大型化，有网友称里面可能安装了质量大于10 t的声呐换能器，是典型的巨型球鼻声呐，其主动搜索范围超过30 km、被动搜索范围超过100 km，而美国海军的伯克级驱逐舰的声呐换能器质量约为8 t，性能远不及055。055的实际长度约为180 m，宽度为20 m，长宽比为9，略小于052D（170 m×17 m）的0.92，之所以保持0.9左右，原因在于这个长宽比可获得更好的适航性和舰体容积。美国的伯克级驱逐舰的长宽比为7.6，粗短身形导致阻力大增，八九千吨的排水量续航力却只有4 400 n mile（航速为20 kn时）。提康德罗加级巡洋舰的长宽比为10.2，过于瘦长，虽续航力有6 000 n mile（航速为20 kn时），但稳定性、耐波性和舰体容积却不如伯克级。

作为新中国成立以来第一款万吨级水面战斗舰，集各种高科技于一身的055，之所以选择0.9的长宽比，既是经过反复论证和试验的最佳数据，也是052C/D长期使用的经验，就像黄金分割点一样。这充分说明，我国设计者的追求更高，各方面都希望达到最佳效果，各方面都更精细，而不是像美军一样只追求强劲的动力。适航性好的舰船，跑得快、更省油、耐波性好、稳定性好，舰员住的也舒适，长期使用效费比更高，自然更省钱。

055的整体线条流畅优美、比例适中，完全是为深海大洋作战而设计的，在续航力、高速性、耐波性、稳定性、隐身性等方面非常均衡，该舰具备强悍的航海性能,在现役中国战舰中绝对排第一位,将伴随我国的航母挺进更远的深蓝。

(资料来源:几许狼烟)

一、船体的基本组成

船体结构形式依据船舶的类型而定,一般来说船体大致可分为主船体和上层建筑两部分。主船体部分有船首、船中、船尾,上层建筑部分有艏楼、桥楼、艉楼及甲板室。

主船体是船体结构的主要部分,是由船底、舷侧和上甲板共同围成的水密空心结构。其内部空间又由水平布置的下甲板、沿船宽方向垂直布置的横舱壁和沿船长方向垂直布置的纵舱壁分隔成许多舱室。货船上通常有货舱、机舱、艏尖舱和艉尖舱等。艏端、艉端的横舱壁也叫艏尖舱舱壁和艉尖舱舱壁。

二、船舶的基本结构

1. 船首结构

1) 船首的形状

船首的形状与船舶用途和性能有关,船舶首端形状不同,其内部结构也不同。船首的形状不但直接影响船舶的航行性能、使用性能和建造工艺,而且还影响船的外观。船首型式很多,有直立型艏、前倾型艏、飞剪型艏、球鼻型艏、破冰型艏等。

(1) 直立型艏。艏部轮廓线呈与基线相垂直或接近的直线,艏部甲板面积不大。这种艏目前主要用于驳船和特种船舶上。

(2) 前倾型艏。艏柱呈直线前倾或微带曲线前倾,甲板面积大,在发生碰撞时船体水线以下部分不易受损,外观上比较简洁,有快速感。军用船多采用直线前倾型艏,民用船常用微带曲线前倾型艏。前倾型艏为现代大多数船舶所采用,它不但外形美观,而且建造方便,船首不易上浪。

(3) 飞剪型艏。艏柱在水线以上呈凹状曲线,船首不易上浪,甲板面积大,有利于布置锚机和系泊设备,常用于远洋航行的客船和部分货船。我国的055舰采用的就是飞剪型艏。飞剪型艏建造相对复杂,成本高。

（4）球鼻艏。亦称"球艏"，艏部水面以下的球状突出部分，是一种用来克服船阻力的结构。其大小和形状与船体相配合可对兴波阻力起抵消作用，并可改善船体附近水流情况，进一步减小船的阻力，改善快速性，多用在中低速大型船上。军舰上使用球鼻艏的主要目的是安装声呐。

（5）破冰型艏。便于船首冲上冰面，靠艏部重量将冰压碎。我国雪龙2号采用的就是破冰型艏。

2）船首加强

船舶在波浪中航行时，艏部甲板容易上浪、舷侧和底部受波浪的冲击，波浪对船体产生动压力这些力的作用部位约在1/4船长范围内。波浪冲上甲板和对船底的冲击常对船体首端结构造成严重损害，所以必须对船首采取必要的加强措施。例如从艏柱至防撞舱壁每档肋位上均设升高板，其高度逐渐升高。尖舱内的肋骨要求延伸至上甲板，每隔一档肋位设置强胸横梁，强胸横梁之间必须设置舷侧纵桁。

2. 船尾结构

1）船尾的形状

船尾的形状与船舶用途和性能有关，不同船尾形状会影响船舶的性能。船尾的形状很多，有椭圆形艉、巡洋舰型艉、方形艉等

（1）椭圆形艉。船尾有短的尾伸部，折角线以上呈椭圆体向上扩展，艉端部露出水面较大，桨和舵容易受破坏。过去民用船多采用这种艉型，目前则仅用于某些驳船。

（2）巡洋舰型艉。具有光顺曲面的尾伸部，艉部大部分浸入水中，增加了水线长度，有利于减小船的阻力，并有利于舵和螺旋桨的保护。这种艉型曾经在巡洋舰和民用船上都广泛应用，但由于建造复杂，目前，越来越多的船采用削平的巡洋舰型艉。

（3）方形艉。艉部有垂直或斜的尾封板，其他仍保留巡洋舰型艉的特点。艉部水流能较平坦地离开船体，使航行阻力减小，艉部甲板面积较大有利于舵机布置，并能防止高速航行时艉部浸水过多。方形艉施工简单，但倒车时阻力偏大。方形艉大多用于航速较高的舰艇及货船上。

2）船尾加强

船尾除承受静水压力外，还承受螺旋桨的重量和螺旋桨运转时的水动压力。螺旋桨工作时产生周期性脉冲振动，机舱布置在船尾时，主机功率大的船常产生激振，严重时会造成局部结构的破坏。因此艉端结构应有较好的防振加强措施，如艉柱加强，艉尖舱加强。

3. 上层建筑结构

上层建筑指上甲板以上的各种围蔽建筑物，有船楼和甲板室两种形式。

船楼指两侧伸至船的两舷或距舷边的距离小于船宽的4%的上层建筑。根据所在的位置分为艏楼、桥楼和艉楼。

甲板室指宽度较该处的船宽小，侧壁位于舷内甲板上的围蔽建筑物。甲板室根据所在的位置分为舯甲板室和艉甲板室，艏甲板室极少见。

老式货船的上层建筑常采用艏楼、桥楼、艉楼的"三岛式"布置形式，现代大中型的中机型货船多采用艏楼、舯甲板室、艉甲板室的布置形式，而尾机型货船多采用艏楼、艉楼（或艉甲板室）的布置形式。目前货船大多是艉机型和中尾机型的，桥楼形式的上层建筑已很少见。

艏楼只有一层空间，其上的甲板叫艏楼甲板。艉楼部分是船员生活及日常活动的场所，其由若干层甲板分隔而成。按自下向上的顺序通常有如下几层：艉楼甲板，其中，居住舱所在的甲板也叫起居甲板；救生艇所在的甲板叫艇甲板；驾驶台所在的甲板叫驾驶甲板；驾驶甲板的顶通常布置罗经、雷达等导航仪器，称为罗经甲板，如果是平台，则称为罗经平台，是船楼中最高的一层。货舱之间设置的甲板室有桅室（或桅屋），上面通常布置起货机，称为起货机平台。

上层建筑内除了可设客舱及船员的生活舱室，有的地方如艏楼的甲板间还可以作为部分货舱使用，或存放缆绳、灯具和油漆等。在舯部和艉部上层建筑的顶部，可设置驾驶室以扩大驾驶视野。上层建筑还能增加船舶的储备浮力，艏楼可减少上浪，上层建筑设于机舱上方，可围蔽机舱开口。此外，当上层建筑足够长时，可全部或部分地参与主船体的总纵弯曲，提高船体的总纵强度。

4. 甲板结构

甲板大部分是单层板架结构，按骨架设置形式可分为纵骨架式甲板结构和横骨架式甲板结构。甲板上有货舱口、机舱口等大开口及相关的建筑,结构比较复杂。作用在甲板骨架上的力主要有船体总纵弯曲引起的拉伸和压缩应力,甲板上货物、人员、设备等引起的垂向载荷,以及涌上甲板的波浪等引起的横向载荷。

连续的上甲板主要承受总纵弯曲应力,所以大型船舶的上甲板普遍采用纵骨架式结构;下甲板主要承受横向载荷,因此大多采用横骨架式结构。

1) 纵骨架式甲板结构

纵骨架式甲板结构由甲板板、甲板纵骨、甲板纵桁和强横梁等构件组成。但是舱口之间的甲板仍采用横骨架式结构。纵骨架式甲板结构的纵向强度好,但装配施工比较复杂,主要用于总纵强度要求较高的大中型船舶的上甲板。

2) 横骨架式甲板结构

横骨架式甲板结构由甲板板、横梁和甲板纵桁等构件组成。横骨架式甲板结构的横向强度好,制造方便,适用于小型船舶、内河船的甲板及大中型船舶的下甲板、平台甲板、上甲板的首尾端等。

5. 船底结构

船底可分为单层底和双层底,按骨架形式又可分为横骨架式和纵骨架式。单层底结构只有一层船底板,结构简单,施工方便,但抗沉性差,大多用于小型舰艇、小型民用船舶及民用船的首尾端。双层底除了船底板外,还有一层内底板,当船底在触礁和搁浅等意外情况下破损时,双层底能保证船舶的安全。双层底舱的空间可装载燃油、润滑油和淡水,或用作压载水舱。海船从艏尖舱舱壁到艉尖舱舱壁都采用双层底,小型舰艇和内河船仅在机舱等局部区域采用双层底。船底位于船体的最下部,是保证船体总纵强度和局部强度的重要板架结构。

1) 单层底结构的骨架形式及组成

单层底结构有横骨架式与纵骨架式两种形式。横骨架式单层底结构由船底板、内龙骨和肋板等组成。横骨架式单层底由于结构简单、建造方便,主要用在拖船、渔船、内河船等小型船舶上,其船长一般小于 50 m。此外,在大型船舶的艏、艉尖舱内也采用横骨架式单层底结构。纵骨架式单层底结构由船底板、内龙骨、肋板和数量较多的船底纵骨等组成。纵骨架式单层底纵向强度好、结构重量小,但工艺较复杂,常见于小型舰艇。

2)双层底结构的骨架形式及组成

双层底结构有横骨架式和纵骨架式两种形式。横骨架式双层底由外底板、内底板、底纵桁和各种肋板等组成。纵骨架式双层底结构由船内底板、外底板、底纵桁、船底纵骨、内底纵骨和肋板等组成。

6. **舷侧结构**

舷侧分单层舷侧、双层壳舷侧和多层壳舷侧,按骨架形式舷侧结构可分为横骨架式和纵骨架式,民用船大多采用横骨架式舷侧结构。单层舷侧只有一层舷侧外板,一般船舶都采用此种型式;双层壳舷侧除了舷侧外板,还有一层内壳板,这种形式用于甲板大开口的船(如集装箱船和分节驳)及现代大型油船上。此外,有的大型军舰的机炉舱等重要舱位也做成双层壳的舷侧结构。

1)横骨架式舷侧结构

横骨架式舷侧结构由舷侧外板、普通肋骨(包括主肋骨和甲板间肋骨)、强肋骨和舷侧纵桁等组成。横骨架式舷侧结构的主要优点是制造方便,横向强度好,适用于内河船和一般货船。

2)纵骨架式舷侧结构

纵骨架式舷侧结构由舷侧外板、舷侧纵骨、强肋骨和舷侧纵桁等组成。纵骨架式舷侧结构的主要优点是有利于保证船舶的总纵强度和外板的稳定性,减少船舶重量、常用于军舰、油船、和矿砂船,适用于内河船和一般货船。

7. **舱壁结构**

船上有许多横向和纵向布置的舱壁,将船体内部分隔成许多用途不同的舱室。同时舱壁还是保证船舶安全不可缺少的部分。根据抗沉性要求,用舱壁将船体分成若干个水密舱室,纵舱壁能增强船的总纵强度,还可限制液体摇荡,减少自由液面对船舶稳性的影响。舱壁也可起防火、防毒气蔓延的作用。横舱壁对保证船体的横向强度和刚性有很大作用,对纵骨架式船尤为重要。

舱壁按其用途分为水密的、油密的和防火的等类型。舱壁结构由舱壁板和骨架组成。骨架有扶强材和桁材两种,扶强材是较小的骨架,桁材是较大的骨架。骨架一般用角钢、T型材或折边板做成。水密舱壁板越往下越厚,因为其越靠下承受的水压越大。扶强材通常是垂直布置的,仅对又高又窄的舱壁板,扶强材才会水平布置。

上层建筑的舱壁多为轻舱壁,一般用薄钢板制成,也可用铝合金制成。有一类舱壁是用钢板压制成槽形的,称为槽形舱壁。这种槽形舱壁无须布置扶强材。槽形舱壁一般仅用于散货船和油船,其优点是在同等强度条件下,可减轻结构重量,节约钢材。

【思考训练】

1. 将班级同学分成若干学习小组,讨论纵骨架式结构和横骨式架结构的优劣势。

2. 搜集我国雪龙 2 号船舶资料,结合该船首、尾对结构形式进行详细介绍。

【思考训练注意事项】

1. 教师安排讨论内容,要求各小组分工明确。
2. 活动分工:各学习团队由队长组织协商,分派工作。
3. 活动开展:学习团队可以利用各种资源进行资料查询。
4. 总结:讨论后,各团队进行资料汇总,并加以整理,以 PPT 形式制作演示文稿。

【评价标准】

团队名称			团队负责人	
团队分工				
考评标准	内容		分值/分	实际得分/分
	小组分工是否明确		10	
	资料是否详细准确		40	
	团队协作水平		20	
	展示水平		10	
	资料收集能力		20	
	合计		100	

任务二　典型船舶结构认知

【资料卡】

中国第五代大型液化天然气船在崇明开工建造

2022年10月,由中国船舶集团旗下沪东中华承建的"中国海油中长期FOB资源配套液化天然气(LNG)运输船项目"首制船在长兴造船基地点火开工。

中国第五代大型液化天然气船首制船点火开工,标志着由中国自主研发设计、代表当今世界大型LNG运输船领域最高技术水平的中国第五代长恒系列17.4万 m^3 LNG运输船由设计蓝图"驶向"实船建造。2021年12月,这款具有完全知识产权的"长恒系列"船型获得美国船级社、法国船级社、英国劳氏船级社、挪威船级社等四家国际著名船级社颁发的船型设计通用认可、入级预先认可等证书,取得了实船建造的通行证,引发全球关注。

第五代长恒系列LNG船按照世界最新设计理念研发,总长299.0 m、型宽46.4 m、型深26.25 m。该型船采用最新一代的双艉鳍线型,搭载多项低碳节能技术,具有以下四大亮点。

(1) 快速性能好,综合能耗低。通过多轮欧洲水池的实验验证,在中高航速段均能达到较高的航行效率。与上一代船相比,长恒系列LNG船单日航行碳排放减少10 t以上。

(2) 低温性能好,全球通用性强。该型船蒸发率比上一代船降低15%,为低碳航行提供了更宽泛的油气平衡航速区间。该型船可以通达全球各大洲的120个LNG岸站。

(3) 空船重量轻,载货能力强。全船采用一体化的轻量化设计理念,相比上一代船,每个航次可以多装载800 m^3 LNG。

(4) 操控运维巧,航线匹配性强。该船配置2.0 t/h的再液化系统,可以适配短途、中途、长途等不同航线对蒸发气平衡利用的不同要求,船舶操控经济性强,可以高效适配多元化航线的各种运营要求。 （资料来源：澎湃新闻）

一、杂货船结构

杂货船通常采用混合骨架式船体结构。在货舱区设有两层以上的甲板,底部为双层底结构。其中：上甲板和双层底是纵骨架式结构,下甲板和舷侧是横骨架式结构。上甲板和下甲板上开有较大的货舱口,舱口角隅或舱口两端中心线处设有支柱,有的设置半纵舱壁或舱口悬臂梁。图 2-1 为杂货船货舱区结构。

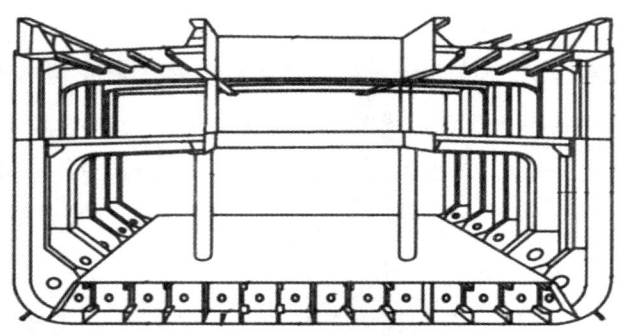

图 2-1　杂货船货舱区结构

二、散货船结构

散货船也采用混合骨架式船体结构。只有一层全通甲板,底部为双层底,甲板下面靠两舷有两个顶边舱,双层底舭部处有向上倾斜的底边舱,便于货物装卸。甲板和舷顶部、双层底和舷侧下部是纵骨架式结构,舷侧中部为横骨架式结构。图 2-2 为装运谷物和煤的散货船货舱区结构。

三、集装箱船结构

集装箱船的结构与一般的货船不同,其货舱口几乎与货舱同宽,这对船体的抗弯、抗扭和横向强度都很不利,在结构上应采取补偿措施。其船体基本结构形式为双层底和双层舷侧结构,且在双层舷侧的顶部设置有效的抗扭箱结构,也可

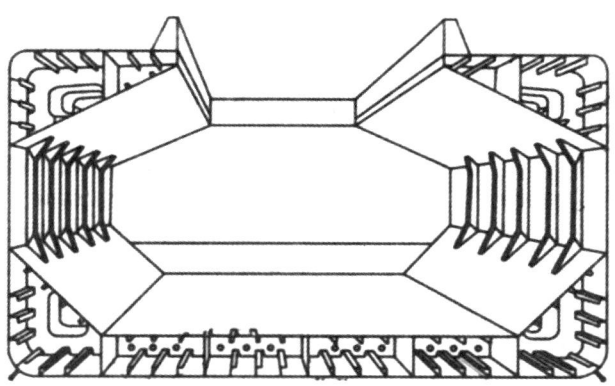

图 2-2 装运谷物和煤的散货船货舱区结构

用双层底和具有抗扭箱或其他等效结构的单层壳结构代替。在船的顶部甲板和双层底部分均应采用纵骨架式,在其他部位纵骨架式和横骨架式都可采用,两个货舱口之间的横舱壁应给予加强。

集装箱船货舱区的横剖面结构如图 2-3 所示。抗扭箱的甲板及双层底采用纵骨架式结构,舷边舱内为横骨架式结构,桁板肋骨上开有人孔或减轻孔,舷边舱内设有平台甲板。

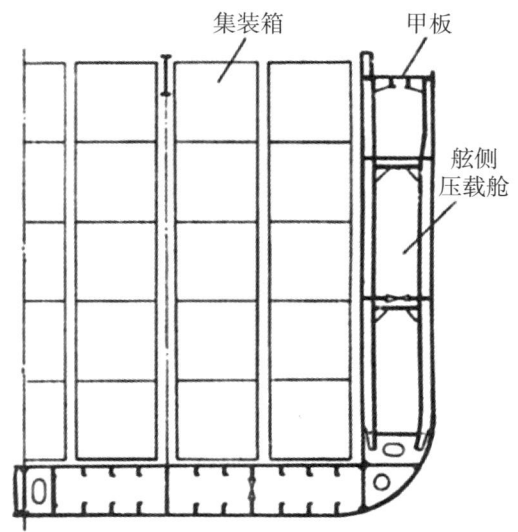

图 2-3 集装箱船货舱区的横剖面结构

四、油船结构

目前运营的油船几乎全部是双壳的,单壳油船已被淘汰。油船结构布置最大的特点是在货油舱内设有纵舱壁,沿海小型油船在中线处设 1 道纵舱壁,分成左、右 2 个货油舱。大型油船设 2~3 道纵舱壁,分成 3~4 个货油舱。油船的货油舱由双层底、双层舷侧、甲板和隔离空舱围成,双层底内和双壳内不允许装货油和燃油。

双壳油船货油舱的甲板骨架、双层底骨架应为纵骨架式,船长大于 190 m 时,舷侧、内壳和纵舱壁一般也应为纵骨架式。货油舱区域以外的船体结构可为横骨架式或纵骨架式。槽形中纵舱壁将货油舱分为左右两个舱室,底部为纵骨架式双层底,并设有底边舱,舷侧为纵骨架式双壳结构,甲板则为纵骨架式单层结构。图 2-4 为超大油船货舱横剖面示意。

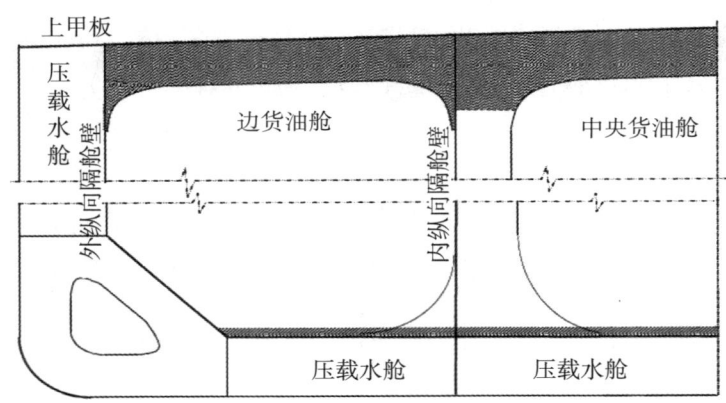

图 2-4　超大油船货舱横剖面示意

【思考训练】

1. 将班级同学分成若干学习小组,将课本知识进行整理,做一个"船舶结构"基本知识的多媒体课件,学生和老师共同进行评比,选出最佳作品。

2. 能够正确辨认船舶各个部位及其名称、术语。

【思考训练注意事项】

1. 教师安排讨论内容,要求各小组分工明确。

2. 活动分工：各学习团队由队长组织协商，分派工作。

3. 活动开展：学习团队可以利用各种资源进行资料查询。

4. 总结：讨论后，各团队进行资料汇总，并加以整理，以PPT形式制作演示文稿。

【评价标准】

团队名称		团队负责人	
团队分工			
考评标准	内容	分值/分	实际得分/分
	小组分工是否明确	10	
	资料是否详细准确	40	
	抢答得分	20	
	PPT制作水平	10	
	PPT演示水平	20	
	合计	100	

项目三 船舶主尺度和船型系数认知

内容简介

为了减小船舶航行时的阻力,船体表面均做成流线型的光顺曲面,这种比较复杂的形状单靠长、宽、高3个尺度是无法完整表达出来的,因此要从更多的方面来观察。如:利用3个相互垂直的剖面来表达船体几何形状;用主要尺度反映船舶的大小;用主要尺度比反映船舶的基本体型;用船型系数反映船舶水下部分型体特性等。上述这些方面与船舶的航行和使用性能密切相关,如浮性、稳性、快速性、适航性、操纵性等方面均会受其影响。因此,研究船舶航行性能,首先要了解船舶主要尺度、船舶主要尺度比和船型系数等。

学习目标

1. 知识目标

(1)掌握船舶主要尺度。

(2)了解主要船舶主要尺度比。

(3)了解不同类型船的船型系数。

2. 技能目标

(1)能够独立查找资料,并进行资料整理、汇总。

(2)能够完成基础的文件整理、汇总工作。

(3)能够利用主尺度辨识各种船型。

任务一　船舶尺度认知

【资料卡】

世界上最大的油船——海上巨人号

海上巨人(Seawise Giant)号曾是世界上最大、最长的船,同时也是当时最大的油船。1981年完工交船的海上巨人号超巨型原油船(ULCC),载质量高达56万t,是2005年以前人类建造过的最大载质量船舶。其船长达458.45 m,与包括天线在内的上海东方明珠电视塔横躺下的长度相当,也是世界上最长的船只和最长的成功服役的人工制造水面漂浮物。船宽68.86 m,吃水24.61 m,载质量564 763 t,排水量达825 344 t。

海上巨人号最早是在日本住友重工位于日本横须贺市的追浜造船所(Oppama Shipyard)起造的,船体编号1016号,并于1979年获得"海上巨人(Seawise Giant)"命名。原订购者是一名希腊船运业者,但他在拥有该船三年后,在船只尚未完工之前就因破产,将这艘船转卖给了中国香港籍的船王董浩云(C. Y. Tung)。董浩云先生在接手这艘船后,要求造船厂变更设计规格,将原本载质量已有48万t的海上巨人号再加长数米,从而增加了8万余t载质量。1980年12月19日,董浩云亲自主持了海上巨人号的下水仪式。该船长458.45 m(创下世界纪录),舷宽68.86 m(与足球场宽度相当),总面积相当于4个相连的足球场。满载吃水24.61 m,相当于8层楼,但却因此无法通过浅水航道,也无法在世界主要港口停靠,因为大多数港口吃水都不到20 m。该船舱室容积658 362 m³,可装载约410万桶原油,相当于两艘30万吨级油船。海上巨人号载重后总吨位82.5万t,由于船体过于庞大,需要特殊的接驳设施,才能在外海直接卸载原油。该船采用住友Stal-Laval AP蒸汽涡轮机,总功率50 000马力[①],航速13 kn。其自动化程度较高,仅需35~40名船员就能顺利航行。

---

① 1马力=735.498 75瓦特。

1981年交船时,其高达564 763 t载质量的指标使海上巨人号正式成为世界上最大的船只。它是世界船舶工业的伟大成绩,也是中国航运界的历史骄傲。在两伊战争最后一年,1988年,该船被导弹击中,船身严重损毁,船上多名海员死亡,事后被拖离海区入坞维修。修补后1989年被转卖给挪威诺曼国际海运公司,并改名快乐巨人号。1991年又出售给挪威亚勒海运公司,同时改名为亚勒·维京。在经历10余年的服务后,该油船再次被转售给新加坡籍的第一奥森油轮公司,改名为诺克·耐维斯。2009年,其再次被转卖至以中国香港为基地的船公司名下,作为废旧船只被改名为蒙特号。2010年,她被拆卸解体,船锚被置于中国香港中环8号码头新海事博物馆前面的空地,作为一个永久纪念碑。

船舶尺度根据用途的不同,可分为最大尺度、船型尺度和登记尺度3种。

1. 最大尺度

最大尺度又称全部尺度或周界尺度,是船舶靠离码头、系离浮筒、进出港、过桥梁或架空电缆、进出船闸或船坞以及狭水道航行时安全操纵或避让的依据。最大尺度包括最大长度、最大宽度和最大高度。

1) 最大长度

最大长度又称全长或总长,指从船首最前端至船尾最后端(包括外板和两端永久性固定突出物)之间的水平距离。

2) 最大宽度

最大宽度又叫全宽,指包括船舶外板和永久性固定突出物在内并垂直于纵中线面的最大横向水平距离。

3) 最大高度

最大高度指自平板龙骨下缘至船舶最高桅顶间的垂直距离。最大高度减去吃水即得到船舶在水面以上的高度,称净空高度。

2. 船型尺度

船型尺度是《钢质海船入级规范》定义的尺度,又称型尺度或主尺度。在一些主要的船舶图纸上均使用和标注船型尺度,因其可用于计算船舶稳性、吃水差、干舷高度和船体系数等,故又称为计算尺度或理论尺度。船型尺度包括垂线间长、型宽、型深和型吃水等。

1) 垂线间长

垂线间长指沿设计夏季载重线,由艏柱前缘量至舵柱后缘的长度,对无舵柱的船舶,则是由艏柱前缘量至舵杆中心线的长度,但均不得小于夏季载重线总长的96%,且不必大于97%。垂线间长又称型长。

2) 型宽

型宽指在船舶的最宽处,由一舷的肋骨外缘量至另一舷的肋骨外缘之间的横向水平距离。型宽又称船宽。

3) 型深

型深指在船长中点处,沿船舷由平板龙骨上缘量至上层连续甲板(上甲板)横梁上缘的垂直距离,对甲板转角为圆弧形的船舶,则由平板龙骨上缘量至横梁上缘延伸线与肋骨外缘延伸线的交点。

4) 型吃水

型吃水指在船长中点处,由平板龙骨上缘量至夏季载重线的垂直距离。

3. 登记尺度

登记尺度是《1969年国际船舶吨位丈量公约》中定义的尺度。登记尺度是主管机关登记船舶、丈量和计算船舶总吨位及净吨位时所用的尺度,其载于船舶的吨位证书中

1) 登记长度

登记长度指自龙骨板上缘量得的最小型深85%处水线总长的96%,或沿该水线从艏柱前缘量至上舵杆中心线的长度,取两者中较大者。

2) 登记宽度

登记宽度指船舶最大宽度。对金属壳板船,其宽度是在登记船长中点处量到两舷的肋骨型线;对其他材料壳板船,其宽度在登记船长中点处量到船体外表面。

3) 登记深度

登记深度指从龙骨上缘量至船舷处上甲板下缘的垂直距离。对具有圆弧形

舷边的船舶,则是量至甲板型线与船舷外板型线之交点。对阶梯形上甲板,则应量至平行于甲板升高部分的甲板较低部分的延长虚线。

【思考训练】

将班级同学分成若干学习小组,将课本知识进行整理,做一个"船舶主尺度"基本知识的多媒体课件,学生和老师共同进行评比,选出最佳作品。

【思考训练注意事项】

1. 教师安排讨论内容,要求各小组分工明确。

2. 活动分工:各学习团队由队长组织协商,分派工作。

3. 活动开展:学习团队可以利用各种资源进行资料查询。

4. 总结:讨论后,各团队进行资料汇总,并加以整理,以PPT形式制作演示文稿。

【评价标准】

团队名称		团队负责人	
团队分工			
考评标准	内容	分值/分	实际得分/分
	小组分工是否明确	10	
	资料是否详细准确	40	
	设计得分	20	
	PPT制作水平	10	
	设计水平	20	
	合计	100	

任务二　船舶主尺度比与船型系数认知

【资料卡】

为什么早期邮轮船型瘦长,而现代邮轮宽胖?

船体的一个重要技术参数是船长和船宽之比。19世纪初期邮轮出现之前,货船的长宽比是4∶1,即船长是船宽的4倍,船型短而胖。后来为了提高速度,货船的长宽比提升到5.5∶1。1840年冠达轮船公司建造了第一艘蒸汽机跨洋班轮Britannia,其长宽比是6∶1。蒸汽机客轮的出现大大缩短了航行时间,到1900年前后跨越大西洋航行时间缩短为6天,这得益于邮轮业坚持不懈地通过提高长宽比等措施提升船速。1854年,Great Eastern的长宽比为8.5∶1,德国跨洋班轮Kaiser Wilhelm der Grosse的长宽比为9.4∶1。在欧洲列强之间展开了以蓝丝带为奖项的船速竞赛,船速最快的跨洋客轮有权在桅杆上悬挂长长的蓝丝带。1875年享有蓝丝带殊荣的City of Berlin,其长宽比高达11∶1。

瘦长跨洋班轮给客人的舒适度带来两个问题:第一,在波浪中快速行驶时,船舶左右摇晃厉害;第二,发动机运行时造成的巨大振动,超出常人忍受的程度。1900年建造的、船速达到23 kn的Deutschland由此得到"鸡尾酒调酒器"的诨名。设想一下,从英国到美国只需6天时间,但是这6天是在剧烈的晃动中漂洋过海是什么感受?

现代邮轮的功能是巡游而不是运输,瘦长的船型不再适合邮轮,空间、舒适与平稳性成为比速度更为重要的考量。1860年英国工程师威廉姆·弗瑞德(William Froude)的船模水池实验为船体水流建模,用以描述船体形状与高效机器的函数关系,弗瑞德的结论是长宽比为8∶1的船型,并带有削尖的船头,可以提升行驶效率和平稳性,并提供充足的船内空间。令人难以置信的是,弗瑞德公式到今天仍然适用,现代邮轮基本遵循这个公式,如海洋量子号的长宽比为 8.5∶1,海洋绿洲号的长宽比为 7.7∶1。相比之下,跨洋班轮的长宽比要高很多,如泰坦尼克号为 9.6∶1,法国号为 9.35∶1,美国号为 9.2∶1。

不曾有过邮轮体验的人几乎都对邮轮晕船心存疑虑,这其实是早期邮轮给人留下的印象。殊不知,现代邮轮身宽体胖,选择在平和的海域巡游,船速一般不超过 20 n mile/h,船底还有平衡器,平衡船体在波浪中的左右晃动,游客在旅途的大多数时间里是感觉不到船舶颠簸的。

(资料来源:Cherie 话邮轮)

一、船舶主尺度比

主尺度比是船体几何形状特征的重要参数,其大小与船舶的各种性能关系密切。

1. 船长型宽比 L_{BP}/B

船长型宽比是垂线间长与型宽的比值。其大小与快速性和航向稳定性有关,比值越大,船体越瘦长,其快速性和航向稳定性越好,但港内操纵不灵活。

2. 船长型深比 L_{BP}/D

船长型深比是垂线间长与型深的比值。其大小主要与船体纵向强度有关,比值大对船体纵强度不利。

3. 船长型吃水比 L_{BP}/d

船长型吃水比是垂线间长与型吃水的比值。其大小主要与船舶的操纵性有关,比值大,船舶的操纵回转性能差。

4. 型宽型吃水比 B/d

型宽型吃水比值的大小与稳性、横摇周期、耐波性、快速性等因素有关。比值大,船体宽度大,稳性大,但横摇周期小,耐波性变差,航行阻力增加。

5. 型深型吃水比 D/d

型深型吃水比值的大小主要与稳性、抗沉性等因素有关。比值大,干舷高,储备浮力大,抗沉性好,但船舱容积增大,导致重心升高。

二、船型系数

船型系数是表示船体水下形状、肥瘦程度的无因次系数,其与船舶航行性能有密切关系,在设计时要根据船的用途、航区和速度的不同适当选取。

1. 方形系数 C_B

方形系数又称排水量系数,是设计水线以下的船体体积 V 与长方形体积 $L \times B \times d$ 的比值,即

$$C_B = \frac{V}{L \times B \times d}$$

C_B 的大小反映了船体水下部分总的肥瘦程度。C_B 大,表示船的水下型线较为饱满;C_B 小,船的水下型线较为瘦削。通常货船的 C_B 较大,客船小于货船,而军舰最小。

2. 棱形系数 C_P

棱形系数又称纵向棱形系数,是设计水线下的船体体积 V 与纵向棱柱体积 $L \times A_M$ 的比值,A_M 为中横剖面面积,即

$$C_P = \frac{V}{L \times A_M}$$

C_P 的大小反映了艏、艉相对于舯部的尖瘦或钝肥程度。具有相同长度和型排水体积的两艘船舶,C_P 较小者将有较大的中横剖面面积,故排水量较多地集中在舯部;C_P 较大者,则中横剖面面积较小,船两端较丰满。

3. 水线面系数 C_{WP}

水线面系数是设计水线面面积 A_W 与长方形面积 $L \times B$ 的比值,即

$$C_{WP} = \frac{A_W}{L \times B}$$

C_{WP} 的大小反映了设计水面两端的尖削程度,其与船舶的快速性及稳性有关。客船和军舰的两端比较尖削,其 C_{WP} 值也较小;货船、油船的两端较丰满,其 C_{WP} 值就较大。

4. 中横剖面系数 C_M

中横剖面系数是设计水线以下的中横剖面面积 A_M 与长方形面积 $B×d$ 的比值,即

$$C_M = \frac{A_M}{B \times d}$$

C_M 的大小反映了中横剖面的饱满程度。通常低速的大型货船的中横剖面比较丰满,C_M 值较大;而高速的军船、客船及渔船等的 C_M 值就较小。

5. 垂向棱形系数 C_{VP}

垂向棱形系数是设计水线下的船体体积 V 与长方形面积 $d×A_W$ 的比值,A_W 水线面面积,即

$$C_{VP} = \frac{V}{d \times A_W}$$

C_{VP} 大,表示船体在垂直方向上下形状接近,较为丰满,适用于载货量大的货船。反之,C_{VP} 小,则船体在垂直方向形状变化大,船底部分狭尖,适用于快速及较小的船舶。

【思考训练】

根据所学知识,设计自己心中理想船的船型系数。

【思考训练注意事项】

1. 教师安排讨论内容,要求各小组分工明确。
2. 活动分工:各学习团队由队长组织协商,分派工作。
3. 活动开展:学习团队可以利用各种资源进行资料查询。
4. 总结:讨论后,各团队进行资料汇总,并加以整理,以 PPT 形式制作演示文稿。

【评价标准】

团队名称			
团队分工			
考评标准	内容	分值/分	实际得分/分
	小组分工是否明确	10	
	资料是否详细准确	40	
	设计想象力得分	20	
	团队协作水平	10	
	设计水平	20	
	合计	100	

项目四　船舶主要标志认知

内容简介

船舶外表有各种标志,能帮助人们识别船舶特征及安全状态,并成为驾驶人员、工作人员采取有效操控措施的重要依据。正确识别船舶标志是船舶驾驶人员及其他相关工作人员必备的工作能力。

学习目标

1. 知识目标
(1) 掌握船舶主要标志。
(2) 了解船舶主要标志的用途。
(3) 掌握船舶载重线标志。
2. 技能目标
(1) 能够独立查找资料,并进行资料整理、汇总。
(2) 能够完成基础的文件整理、汇总工作。
(3) 能够利用主要标志辨识各种船型。

任务一 船舶主要标志认知

【资料卡】

船级社

船级社(Classification Society),也叫验船协会、验船机构。它是一个建立和维护船舶、离岸设施的建造和操作的相关技术标准的机构。通常为民间组织,少数为非民间组织。如中国船级社(China Classification Society)是交通运输部直属的事业单位。

船级社是出于保险或其他目的,根据船舶的状况对船舶进行检验和分类的组织。其主要作用是对船舶在建造时和建造后进行定期检验,目的是设定和维持船舶及其设备的建造和维修标准。

船级社以其专业的船舶技术知识在保障船舶航行安全方面起着独特的作用。船级社通过对船舶的检验,使船舶达到政府和保险商的要求,以及船东和公众期望的安全标准。

在船级社成立之初,其为保险商提供的入级服务,完全是自愿的,保险公司可以委托船级社进行船级划分,也可以不委托。而现在的入级服务已不仅为保险商服务,而且政府希望通过入级服务,代替政府执行有关国际公约的要求,以保障船舶的质量和保障安全。因此,各国政府均赋予船级社更大的权利,并从法律法规上给予保障。船舶在设计、建造、营运和维修的各个阶段都要受到船级社的监督。不通过船级社的检验和发证,船舶就不能营运。在近几年的国际公约中,出现了船舶必须达到某些入级规范标准的要求。正是这种具体技术要求的一致性,使得入级检验也具有了一定的法定特征。表4-1为主要船级社的全称与简称。

表4-1 主要船级社的全称与简称

船级社全称	中文名称	简称
American Bureau of Shipping	美国船级社	ABS
Bureau Veritas	法国船级社	BV

表 4-1(续表)

船级社全称	中文名称	简称
China Classification Society	中国船级社	CCS(中国船级社是中华人民共和国交通运输部的直属机构)
Det Norske Veritas	挪威船级社	DNV
Korean Register of Shipping	韩国船级社	KR
Lloyd's Register of Shipping	劳埃德船级社	LR
Nippon Kaiji Kyokai	日本船级社	NK
Registro Italiano Navale	意大利船级社	RINA
Polish Register of Shipping	波兰船舶登记局	PRS

船体标志包括船名和船籍港标志、球鼻艏和侧推器标志、烟囱标志、分舱标志、顶推位置标志、引航员登离船标志、船舶识别号、公司名称标志、水尺、吃水标志、载重线标志等。

一、船名和船籍港标志

每艘船都会在船首两侧明显位置写上船名,有的船也将船名写在驾驶楼上的船名牌上,船名字的高度视字数的多少及船的大小确定。5 000 t左右的船,中文字高为1 m左右,通常在汉字的船名下面加注汉语拼音。每艘船在船尾明显位置还写上船名和船籍港,船尾的船名字高比船首的小10%~20%,船籍港字高为船名字高的60%~70%。船名和船籍港标志见图4-1。

二、球鼻艏和侧推器标志

有球鼻艏的船舶,在船首两侧满载水线以上的船壳上绘有球鼻艏标志,表示船体首部前端为球鼻艏。有艏侧推器的船舶在船首两侧(球鼻艏标志后)绘有侧推器标志,表示船体首部两侧有侧向推进器,以引起靠近船舶的注意。球鼻艏和侧推标志见图4-2。

三、烟囱标志

烟囱标志是船公司自行规定的。各轮船公司规定本公司所有船舶的烟囱颜

图 4-1　船名船籍港标志

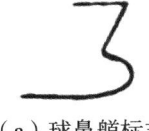

（a）球鼻艏标志

（b）侧推器标志

图 4-2　球鼻艏和侧推标志

色与标志图案,例如长江航运集团标志为 CSC。此外有的还规定船体各部分统一的油漆颜色,便于在航行途中及港内互相识别。

四、分舱标志及顶推位置标志

有的船在货舱与货舱之间的舱壁两侧舷外船壳上,绘有表示各货舱位置的分舱标志。有的绘有顶推位置线,表示拖船可以在此处顶推。图 4-3 中舷侧的白色标志即为顶推标志。

五、引航员登、离船标志

引航员登、离船标志的作用是确保引航员登、离船安全。大型船舶在其平行船体长度(一般在船中半船长)范围内的两舷舷侧满载水线附近或稍低位置处勘划此标志。该标志颜色与国际信号规则规定相同,即上白下红。引航员登、离船标志见图 4-4。

图 4-3　顶推标志

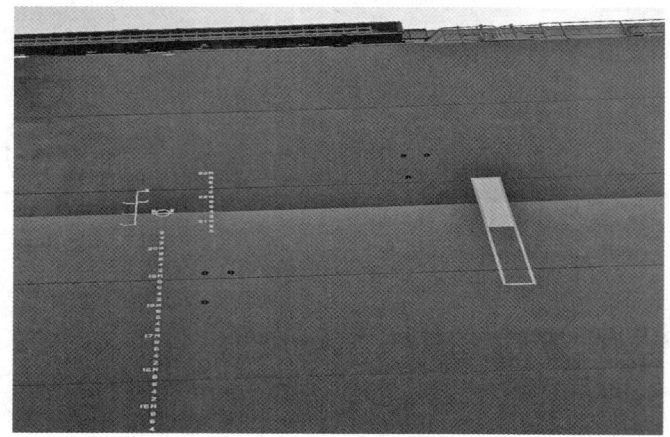

图 4-4　引航员登、离船标志

六、船舶识别号(IMO 编号)

按国际海事组织规定,1 总吨及以上的所有客船和 300 总吨及以上的所有货船均应有一个符合国际海事组织通过的 IMO 船号体系的别号,即船舶识别号,用于识别船舶身份。船舶识别号的勘划位置有:船尾船标志的下方,桥楼正前方的上部,机舱明显处,客船可从空中看见的水平表面,油船货油舱明显处及滚装船滚装处所等,但较普遍的勘划位置是船尾船籍港的下方。勘划在船尾的船舶识别号见图 4-1。

七、公司名称标志

公司名称标志(图 4-5)是航运公司经营理念的一种体现,主要勘划在公司所属的集装箱船上。该标志有两种勘划方式,一种是公司名称的全称,另一种为公司英文名称的缩写。公司名称标志通常勘划于船舶左右两侧满载水线以上,除用于表示船所属的船公司外,尚有一定的广告效应。

图 4-5　公司名称标志

【思考训练】

1. 将班级同学分成若干学习小组,收集主要航运公司的全称和英文缩写。
2. 针对著名航运公司缩写进行小组抢答竞赛。

【思考训练注意事项】

1. 教师安排讨论内容,要求各小组分工明确。
2. 活动分工:各学习团队由队长组织协商,分派工作。
3. 活动开展:学习团队可以利用各种资源进行资料查询。
4. 总结:讨论后,各团队进行资料汇总,并加以整理,以 PPT 形式制作演示文稿。

【评价标准】

团队名称			团队负责人	
团队分工				
考评标准	内容	分值/分	实际得分/分	
	小组分工是否明确	10		
	资料是否详细准确	20		
	团队协作水平	10		
	抢答掌握状态	40		
	资料收集能力	20		
合计		100		

任务二　船舶载重线认知

【资料卡】

中国载重线区域划分

载重线公约将中国海域分为中国海和中国沿海,并规定了区域范围和季节期。但是1973年我国政府宣布接受载重线公约时做了如下保留:"关于中国沿海区域的划分,不受公约附则Ⅱ第49条和第50条有关规定的约束。"

我国划分中国沿海(包括台湾海峡、东海、黄海和渤海)和南海为两个季节热带区域,季节划分:①中国沿海自4月16日至9月30日为热带区域,其余时间为夏季区域;②中国南海自1月21日至9月30日为热带区域,其余时间为夏季区域。因此,国际航行船舶在中国相关水域航行时应以此为准,而不能依据载重线公约。

国内航行船舶、国内航行海船的航行区域与季节划分如下。

(1) 汕头以北的中国沿海,其季节期:

热带为4月16日—10月31日;

夏季为11月1日—4月15日。

(2) 汕头以南的中国沿海,其季节期:

热带为2月16日—10月31日;

夏季为11月1日—2月15日。

汕头港应被当作处于船舶驶来或驶往的区域内,夏季为4月16日—10月15日。

(资料来源:中华人民共和国海事局)

一、船舶吃水与吃水标尺

1. 船舶吃水

船舶实际吃水指船体在水面以下的深度,即船中处自龙骨下缘至实际水线间的垂直距离。船舶吃水随船上装货数量的多少而变化。空船吃水最小,满载吃水最大,所以,船舶吃水在一定程度上可以反映货物重量。如果船舶有纵倾则船舶首、尾吃水不同,通常艏吃水以 d_F 表示,艉吃水以 d_A 表示。计算船舶装货数量时,以在船舶中部的平均吃水为准,若平均吃水以 d_M 表示,当船舶无横倾和变形时,有

$$d_M = (d_F + d_A)/2$$

当船舶有横倾时,左右两舷的吃水不同。为了准确计算平均吃水,必须取艏、舯、艉的左右 6 面吃水的平均值。

2. 吃水标尺

为确定船舶的吃水,船舶在两舷共 6 处勘划吃水标志。吃水标志(水尺)的标法有两种:一种是公制,用阿拉伯数字表示,其数字的高度规定为 10 cm,上下相邻两数字间的间隔距离也是 10 cm;另一种是英制用阿拉数字或罗马数字表示,每个数字的高度为 6 in①,上下相邻两数字间的间隔距离也是 6 in。吃水标志如图 4-6 所示。

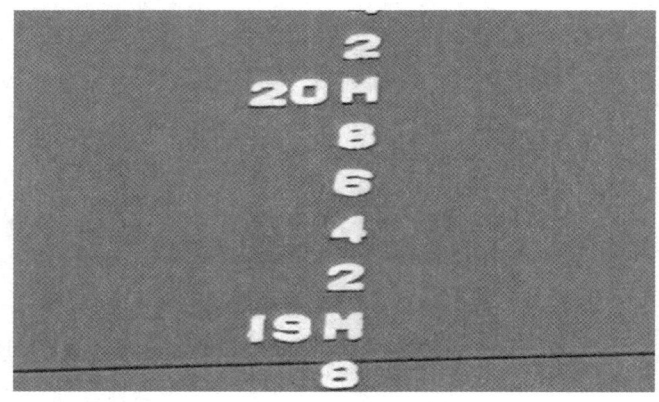

图 4-6 吃水标志

吃水的读取方法是以水面与吃水标相切处比例读取吃水,当水面与数字的下端相切时,该数字即表示此时该船的吃水,在有浪时应至少分别读取波峰和波

① 1 in = 25.4 mm。

谷处的吃水数次，以所求的平均值作为该船当时的吃水。

二、载重线标志

1. 国际载重线标志

国际载重线标志由甲板线、载重线圈及水平横线、各载重线和冰级吃水标志等组成，如图4-7所示。

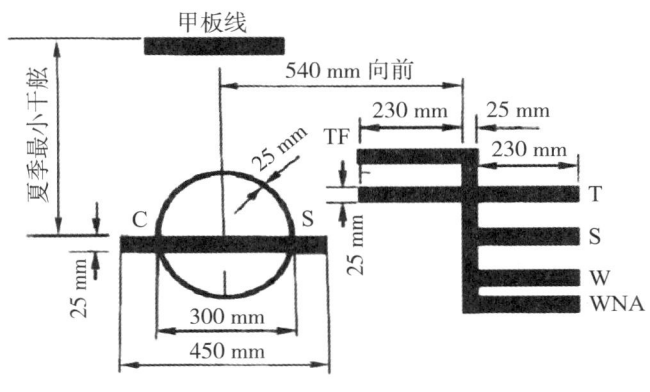

图4-7 国际载重线标志

1）甲板线

甲板线指勘划于船中左右两舷，其上边缘与干舷甲板上表面处于同一水平位置，长300 mm，宽25 mm的一条水平直线。对于舷缘为圆弧形的船舶，其甲板线可勘划在船中每侧某一适当位置。

2）载重线圈及水平横线

载重线圈及水平横线由外径为300 mm、线宽为25 mm的圆环和与该圆环相交的一条水平横线组成。水平横线长450 mm，宽25 mm，其上边缘通过圆环中心，圆环中心位于船中。从圆环中心至甲板线上边缘的垂直距离即为按《船舶与海上设施法定检验规则》（以下简称《法定规则》）所核定的夏季干舷。图4-7中圆环两侧的字母"C"和"S"表示勘划载重线标志的主管机关为中国船级社。

3）各载重线

（1）夏季载重线。以标有字母"S"（Summer）的水平线段表示。该水平线段与水平横线相平。夏季干舷等于夏季载重线上边缘至甲板线上边缘的垂直距离。

（2）热带载重线。以标有字母"T"（Tropical）的水平线段表示。

（3）冬季载重线。以标有字母"W"（Winter）的水平线段表示。

（4）北大西洋冬季载重线。以标有字母"WNA"（Winter North Atlantic）的水平线段表示。

（5）夏季淡水载重线。以标有字母"F"（Fresh）的水平线段表示。

（6）热带淡水载重线。以标有字母"TF"（Tropical Fresh）的水平线段表示。

4）冰级吃水标志

凡船舶设计与建造符合船级社入级规范中有关冰区航行船体结构特别加强要求,并在船舶入级符号中被授予其对应的冰级附加标志的船舶,在其载重线标志中包括三角形警戒标志及其下方的最大许可冰级吃水标志。即冰级吃水标志线的上边缘是用于限制船舶在冰区航行时船中的最高允许吃水。

2. 国内航行船舶的载重线标志

仅在国内沿海航行的我国船舶,由于沿岸海域的风浪较小,对稳性、强度、抗沉性等的要求可低于国际航行船舶。因此,《法定规则》规定的国内航行船舶的最小干舷比国际航行船舶的最小干舷要小。

载重线及载重线圈的下半部与标志同色。国内航行船舶载重线有热带载重线（标以字母"R"）、夏季载重线（标以字母"X"）、热带淡水载重线（标以字母"RQ"）和夏季淡水载重线（标以字母"Q"）。因我国沿海海区被定为季节热带区域,所以,在载重线标志中无冬季载重线。国内航行船舶的载重线标志如图4-8所示。

根据航道条件不同,内河可分为A、B、C三级航区。A级航区指大河流的下游;B级航区指较大湖泊、大河流的中游以及中等河流的下游;C级航区指大河流的上游及其支流,以及其他小河流和小湖泊。内河货船（或货驳）的载重线标志除了载重线圈外,还标有"A""B""C"的载重线。此外,标"J"的线段表示船舶在枯、洪水季节航行在急流航段应使用的载重线。

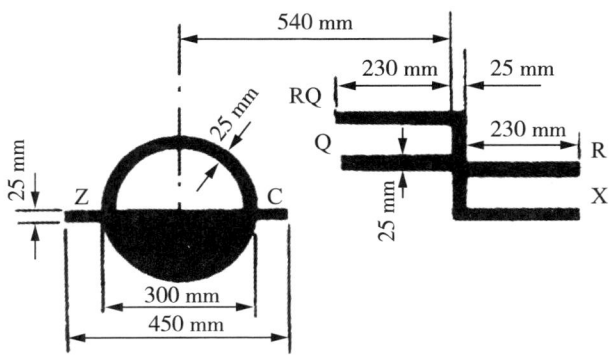

图 4-8 国内航行船舶的载重线标志

三、干舷和储备浮力

1）干舷

干舷指船舶中部由满载吃水线量到甲板上缘的垂直距离。船舶最小干舷是保证船舶安全浮于水面的限度，所有船舶都是按国家船舶检验局勘定的船舶载重线来确定最小干舷的。如果船舶超载、干舷减小到小于规定的限度时，船舶就不能安全浮于水面，故最小干舷也叫安全干舷。

2）储备浮力

储备浮力通常以干舷的高度来衡量。干舷越大，船舶的储备浮力也就越大。为确保船舶航行安全，每艘船舶都必须具有最起码的干舷值。

【思考训练】

1. 将班级同学分成若干学习小组，收集主要航运公司的全称和英文缩写。
2. 进行著名航运公司载重线英制与公制转换竞赛。

【思考训练注意事项】

1. 教师安排讨论内容，要求各小组分工明确。
2. 活动分工：各学习团队由队长组织协商，分派工作。
3. 活动开展：学习团队可以利用各种资源进行资料查询。
4. 总结：讨论后，各团队进行资料汇总，并加以整理，以PPT形式制作演示文稿。

【评价标准】

团队名称			团队负责人	
团队分工				
考评标准	内容		分值/分	实际得分/分
	小组分工是否明确		10	
	资料是否详细准确		20	
	团队协作水平		10	
	抢答相关知识掌握程度		40	
	资料收集能力		20	
	合计		100	

项目五　船舶性能认知

内容简介

船舶为了完成运输任务,经常在风浪、急流、险滩等航行条件极为复杂的情况下工作,因此必须具有良好的航行性能以抵抗风浪的袭击,控制好船体姿态。同时要有良好的重量、容积性能以及合适的装卸性能来满足运输任务的需要。

学习目标

1. 知识目标
(1)掌握船舶航行性能。
(2)掌握船舶的重量与容积性能。
(3)掌握船舶装卸性能。
2. 技能目标
(1)能够独立查找资料,并进行资料整理、汇总。
(2)能够完成基础的文件整理、汇总工作。
(3)能正确的利用船舶的各种性能。

任务一　船舶的航行性能认知

【资料卡】

极地考察船雪龙2号

雪龙2号由自然资源部中国极地研究中心组织实施,中国船舶工业集团有限公司第七〇八研究所设计,江南造船(集团)有限责任公司承担建造。雪龙2号极地考察船(H2560)是中国第一艘自主建造的极地科学考察破冰船,于2019年7月交付使用。雪龙2号船长122.50 m,型宽22.32 m,吃水7.85 m,排水量13 996 t,航速12~15 kn。船上可搭载科考人员和船员共90人,续航力为2万n mile,自持力在额定人员编制情况下可达60天。能全球无限航区航行。

资料显示,我国自1984年开展首次南极科学考察以来,先后使用过5艘船舶奔赴极地承担物资运输和科学考察任务。1993年从乌克兰购入的雪龙号是我国当时唯一能在极地冰区航行的船舶,也是我国当时唯一的极地科学考察船。

由于雪龙号的破冰能力有限,我国南北极考察主要集中在海冰大面积消融的夏季。但即使在夏天,雪龙号也无法自由深入北冰洋中心区进行科考。因而,对极地海洋的系统了解需要更强破冰能力的考察船支撑,雪龙号有限的破冰能力无疑成为我国提高极地科考能力的制约之一。

在技术能力上,雪龙2号能够满足无限航区要求,具备全球航行能力,甚至可以在极区大洋安全航行。其船体强度达到全球中上水平的PC3级,且为全球第一艘采用船首、船尾双向破冰技术的极地科考破冰船,双向破冰均具有以2~3 kn船速连续破1.5 m冰加0.2 m积雪的能力,可实现冰区快速掉头,这意味着雪龙2号具有更强的破冰性能和灵活性,将极大拓展我国的极地考察区域,并延长考察时间。

同时,雪龙2号具备全回转电力推进功能和冲撞破冰能力,可实现极区原地360°自由转动,并可突破极区20 m当年冰冰脊,船舶机动能力大幅提升。

船舶的航行性能主要包括浮性、稳性、抗沉性、快速性、适航性(耐波性)和操纵性等。

一、浮性

所谓浮性,指船舶在各种装载情况下保持一定浮态,漂浮于水面一定位置的能力。浮性是船舶最基本的性能,任何船舶都必须具备一定的浮性。

从理论上说,船舶装载后的水线只要不超过甲板边线,船舶总是可以平衡浮于水面的,即船舶所能装载的重量是使装载后的船总重量与船体所有水密体积形成的浮力相等。但是实际上,船舶的满载水线只能是在甲板边线下相当一段距离处,即船舶装载后必须保留一部分浮力,该部分浮力称为储备浮力,即满载水线以上的船内水密空间所提供的浮力。

船舶之所以要具有一定的储备浮力,是因为它在航行中,重力和浮力往往会发生变化。例如,海浪打上甲板、上甲板结冰等,会使船舶重量增加,而船舶破损后会丧失浮力,为了使浮力和重力重新得到平衡,就需要得到补偿浮力。

由于储备浮力和船舶航行安全有关,因此储备浮力的大小由船检机构加以规定和检查。我国船检局颁布的《国内航行海船法定检验技术规则》是限制和检查载重水线的,即保证储备浮力的准则,船舶设计和航运部门必须严格执行。国际航行的船舶必须根据《国际载重线公约》的规定来确定船舶的储备浮力(最小干舷)。

上述规则具体规定了各类船舶的最小干舷值。最小干舷值的大小反映了储备浮力的大小,因此计算和确定干舷高度是确定船舶储备浮力的保证。

储备浮力的大小与船舶的用途、结构、航行季节和区域等因素有关。军舰的储备浮力常达其满载排水量的100%;海船的储备浮力为其满载排水量的25%~40%;河船为其排水量的10%~15%;油船及运木船因本身的特点,其储备浮力比普通货船小。海面风浪冬季比夏季大,因此要求冬季航行的船舶具有较大的储备浮力。为了保证船舶具有一定的储备浮力,其吃水决不允许超过相应的装载水线。

二、稳性

船舶在航行中经常受到风浪等外力的作用而发生倾斜,如何使这种倾斜得到及时扶正而不致倾覆,这就是船舶稳性问题。船舶当受到外力作用后离开原来的平衡位置而发生倾斜,当外力消除后仍能回到原来平衡位置的性能,称为稳性。稳性是船舶抵抗一定的外力作用而不致倾覆的一种性能,是保证船舶安全航行的重要性能。

在航行中,船舶产生倾斜的原因很多,如受到风压力、波浪的冲击力、螺旋桨与舵的侧压力、船舶回转时的离心力、船上重物移动或装卸货物以及船舱进水时对船产生的不平衡力等的作用。

船舶的重心有时会因货物的增减、燃油和淡水的消耗或添加而有所变动,从而影响船舶的稳性。装货时,一般应尽量将重货靠下放,将轻货靠上放,以降低船舶的重心,提高船舶的稳性。另外,较大的船宽也可以使船舶有较好的稳性。

若船上有未装满的燃油舱或淡水舱,当船舶受外力作用倾斜时,舱内液体就会随船一起流动,从而产生自由液面。自由液面的存在会降低初稳心高度,对稳性产生不利的影响。因此,油船等船船的货舱都设有纵向舱壁,以防止货物的流动,从而减小自由液面对稳性的影响。

悬挂货物也会对稳性产生不利的影响。悬挂货物相当于将货物上移至货物的悬挂点,导致船舶重心升高,稳性下降。为了减小悬挂货物对稳性的影响,应尽量减少悬挂货物,或在起吊货物时尽量降低悬挂点的高度。

三、抗沉性

船舶在一舱或数舱破损进水后,仍能漂浮于水面,并保持一定浮态和稳性的能力,称为抗沉性。其实质是研究船船破损后的浮性和稳性问题,是关系到船舶航行安全的一个重要性能

船舶在航行中,有时发生碰撞、触礁、搁浅或遭遇大风浪等,使某些结构遭到破坏,导致海水进入船体。这些海损事故虽然是偶然事件,但会造成严重的后果,甚至使生命财产遭受重大损失。例如:1912年4月10日,英国邮轮泰坦尼克号开始第1次航行、航行的第4天夜晚,该船在纽芬兰岛附近与冰山相撞。冰山把船壳划破,裂口有100 m长,船首部5个舱进水。相撞2 h后,船桥开始沉入水中,不久全船沉入冰海之中。由于救生艇只能容纳乘员人数的50%,全船2 500多名乘员中大约有1 500人死亡。这一严重海难事故引起了全世界航运界

的重视,各主要航海国家代表于1914年、1929年、1948年和1960年先后召开了4次国际海上人命安全会议,签订和修改了《国际海上人命安全公约》。公约对航行于公海的船舶提出了船舶救生设备、无线电通信设备、助航设备和船舶抗沉性的基本要求。

为了保证航行安全,我国船舶检验局亦分别于1959年、1974年和1987年颁发与修订了《海船抗沉性规范》,并于1987年将其改名为《海船分舱和破舱稳性规范》,对民用船的抗沉性提出了明确要求。其基本要点是规定船舶破舱后的极限干舷高度和剩余初稳心高度。

船舶抗沉性主要是通过使船舶具有足够的储备浮力和稳性,以及将船舶用水密横舱壁合理地分隔成若干水密舱室(即船舶分舱)来保证的。船舶储备浮力越大,即干舷越大,越易满足浮性要求,从而保证船舶在舱室破损进水后仍能漂浮在水面上。干舷大还意味着船舶可以倾斜较大的角度,即船舶的抗沉性好。

船舶分舱,指沿船长方向,在船舶舱壁甲板(其甲板以下水密)以下设置一定的水密横舱壁,将船体分隔成若干水密舱室。当船舶破舱进水后,可将水限制在一定的范围内而不致浸没全船,确保破舱进水后的船舶仍有一定的浮性和稳性。因此,船舶分舱是保证船舶抗沉性的重要措施。但是过密地分隔船舱也是不适宜的,因为过多地设置横舱壁,会使船内舱室过小,不利于货物的装载和船上机器的安置。同时,舱室过多还会增加船体材料和重量,使船体结构和布置趋于复杂。所以,船舶水密横舱壁的总数和布置要根据船舶抗沉性要求和船舶在使用上的需要来确定。

四、快速性

船舶的快速性指对一定排水量的船舶,主机以较小的功率消耗达到较高航速的性能,是船舶的一项重要技术性能,对船舶的经济性影响很大。

快速性的概念涉及两方面:①对一定排水量的船舶,在给定主机功率消耗的条件下能达到的航速高低。航速高,快速性好,反之则差。②对一定排水量的船舶,为维持一定航速所需主机功率的大小。功率小,快速性好,反之则差。因此,船舶快速性的好坏不能单纯从船舶航速的快慢来下结论,而是取决于船舶的阻力和推进性能。在主机功率相同的情况下,推进器性能优良的船舶,推力大,航速便高;在推进器推力相同的情况下,阻力性能好的船舶,航速必然亦高。提高船舶的快速性,应从两方面着手。

五、适航性(耐波性)

船舶在多变的海况中的运动性能称为适航性,也称耐波性,通常指船舶在风浪中的摇摆性能。

船舶在海上航行时,经常受到风浪袭击而颠簸和摇摆。剧烈的颠簸和摇摆,会使船舶稳性变坏、航速降低、甲板上浪、船体结构损坏、造成货损,以及引起旅客头晕和影响船员工作等,严重时还会危及船舶安全,因此,了解船舶在风浪中的运动规律,从而采取措施以避免或减轻危害是十分必要的。目前,船上常用舭龙骨、减摇鳍、减摇水舱、回转仪等减摇装置,以提高船舶的适航性。

六、操纵性

船舶在航行时能够保持原来的方向或按照驾驶员意图改变到所需航向的性能称为操纵性。其中:船舶能够保持原来航向的性能称为航向稳定性;能够按照驾驶员意图改变航向的性能称为回转性或灵敏性。

船舶操纵性是一种重要的航行性能。其中:航向稳定性可减少船舶航线偏离从而减少不必要的功率消耗和时间损失;回转性是避免碰撞、防止触礁、保证航行安全所必须具备的性能,对港湾拖船更为重要。具有良好操纵性的船舶应该是,需要直线航行时能保持直线运动,需要转向时能迅速改变航向。但是两者是互相矛盾的,凡是回转性好的船,只要受较小力矩作用就能变向,因此稳定性就差;反之,稳定性好的船要受到较大的力矩作用才能变向,因此回转性较差。两者不能做到兼优。实际使用中,不同用途的船舶对这两种性能的要求侧重不同。例如:远洋运输船因直线航行的距离长,靠离码头的次数少,故要求稳定性好一些;港湾作业船调头、转向、靠离码头机会多,要求运转灵活,故回转性应该好一些。船舶尺度的大小、线型的肥瘦,虽然对船舶的操纵性有一定的影响,但船舶操纵性的保证必须依靠操纵设备。船舶航行时,风浪、海流及螺旋桨旋转所产生的横向力,经常会使船舶偏离航向,因为船舶本身不具备稳定航向的能力,所以为了扭转其航向,必须借助于操纵设备。操纵设备一般由舵、转舵机构、舵机、操纵装置(装在驾驶室内)及传动装置等组成。

【思考训练】

1. 将班级同学分成若干学习小组,收集主要船型的船舶规范,分析其航行性能。
2. 讨论船舶的快速性与经济性的关系。

【思考训练注意事项】

1. 教师安排讨论内容,要求各小组分工明确。
2. 活动分工:各学习团队由队长组织协商,分派工作。
3. 活动开展:学习团队可以利用各种资源进行资料查询。
4. 总结:讨论后,各团队进行资料汇总,并加以整理。

【评价标准】

团队名称		团队负责人	
团队分工			
考评标准	内容	分值/分	实际得分/分
	小组分工是否明确	10	
	资料是否详细准确	20	
	团队协作水平	10	
	讨论中发言与表现力	40	
	资料收集能力	20	
	合计	100	

任务二　船舶的重量性能和容积性能认知

【资料卡】

运河吨位

　　运河吨位,指根据运河当局颁布的吨位丈量规则的规定,丈量确定的船舶内部容积,可分为运河总吨位和运河净吨位。国际上有苏伊士运河和巴拿马运河两种运河吨位。凡航经这两运河的船舶,必须分别按《苏伊士运河船舶吨位丈量规则》和《巴拿马运河船舶吨位丈量规则》的规定,进行吨位丈量并获取相应运河专用吨位证书。以专用证书上运河净吨位为依据,交付通过运河的各种税款和费用。国际吨位丈量公约虽于1982年7月18日开始生效,但是巴拿马运河委员会和苏伊士运河管理局仍然采用自己特有的吨位丈量方法。在1969年国际吨位会议召开时,上列两个当局以观察员身份参加。在海大494(届)决议中曾敦促过两个当局参加,但迟迟未正式加入,追其原因主要是为了维护运河自身的利益。船舶通过上述两个运河时要出示运河当局规定的丈量证书,以证书中所列吨位纳税和付费,一般以净吨位为依据。而净吨位常比"公约"规则算得的大。一艘国际航行船舶除有国际吨位证书(1969)以外,如果通过巴拿马运河或苏伊士运河,尚需具备巴拿马运河吨位证书或苏伊士运河吨位证书。新的《巴拿马运河船舶吨位丈量规则》于1994年10月1日起开始生效。

（资料来源：中华人民共和国海事局）

一、船舶的重要性能

运输船舶的重量性能包括船舶的排水量和载质量,计量单位以 t 表示。

1. 排水量

排水量指船舶浮于水面时所排开水的质量,它亦等于船舶的总质量。根据装载重量的多少,一艘船舶可以有几种不同的排水量。民用船舶的排水量可根据不同装载状态分为满载排水量(Full Load Displacement)、装载排水量(Load Displacement)、空船排水量(Light Displacement)以及压载排水量(Ballast Displacement)等。

1) 空船排水量 $D_空$

空船排水量是船舶新造好后的排水量,等于空船质量,即船上只有船体钢料、机电设备、木作舾装这三部分质量时船舶所排开水的质量。

2) 满载排水量 $D_满$

满载排水量,一般也称设计排水量,是船舶满载(一般为设计状态)时的排水量,即船舶在满载水线下所排开水的质量,包括空船质量,货物或旅客、燃料、淡水、食物、船员和行李以及船舶常数等质量的总和。

船舶常数 C 是经过一段时间营运后测定的实际空船排水量与建造出厂时的空船排水量的差值,即船舶常数等于实际空船排水量减去出厂时空船排水量。造成船舶参加营运后空船排水量变化的原因有:船体和机械设备的定期修理和局部改装;货舱内积留的残余货物、垫舱物料及垃圾等杂物;船上库存的破损机件、器材和仓库内堆积的各种废旧物料;包括污水井(沟)在内的各种液舱剩余的污油、污水、污泥沉淀物以及船壳外海生物的附着质量。船舶常数并非是固定不变的,一艘船舶在年度修理后都要做船舶常数的重新测定。经常采取措施减少船舶常数,是挖掘船舶实际载重能力的有效途径之一。

3) 装载排水量 $D_装$

装载排水量指船舶装载一定货物后的排水量,其大小可根据船舶的装载状态确定。

4) 压载排水量 $D_压$

压载排水量指船舶压载航行时的排水质量。船舶为了保证空载航行时的航行性能(使螺旋桨不露出水面等),常在船上加压载水,使船舶处于压载航行状态。

排水质量一般公式为

$$D = \rho \times V$$

式中：D 为船舶排水量，t；V 为船舶排水体积，m³；ρ 为水的密度，t/m³，通常，淡水取 1.0 t/m³，海水取 1.025 t/m³。

船舶满载情况下的排水量，可以通过已知的主尺度和方形系数求得。设船舶垂线间长为 L_{BP}，吃水为 T，型宽为 B，方形系数为 C_B，舷外水的密度为 ρ，则船舶排水量为

$$D = \rho \times C_B \times L_{BP} \times B \times T \qquad (5-1)$$
$$D = W$$

式中：D 为船舶排水量，t；W 为船舶总质量，t。

由式(5-1)可知：在总质量不变的情况下，当船舶从密度比较大的海水进入密度比较小的海水时，船舶会相应地下沉，即船舶的吃水增加；反之当船舶从密度比较小的海水进入密度比较大的海水时，船舶会相应地上浮，即船舶的吃水减少。对于水尺计重的散货和通过有水深限制的航道的船舶来说，由海水密度引起的吃水变化需要特别注意。

船舶在各种装载情况下的排水量可以通过设计部门提供的排水量曲线查得。

例 5-1：某船浸水体积为 15 000 m³，舷外海水的密度为 1.025 t/m³，求排水量？

解：$D = \rho \times V = 1.025$ t/m³ $\times 15\ 000$ t $= 15\ 375$ t

2. 船舶载质量

船舶总质量可分为不变质量和可变质量两类。不变质量指固定在船上的质量，包括船体、机电设备、木作舾装三部分质量，又称空船质量。其对应的排水量为空船排水量。可变质量即船舶的载质量，是船舶所允许装载的质量，是根据运输需求随航次变化的质量，包括货物旅客与行李、燃料、润滑油、水、粮食和其他消耗品储备等的质量。载质量有总载质量和净载质量之分。

1）总载质量

总载质量(Dead Weight，DWT)指在任一水线下船舶所允许装载的最大质量。它是船上货物或旅客、燃料、淡水粮食和供应品、船用备品、船员和行李以及

船舶常数等质量的总和。船舶总载质量等于满载排水量减去空船排水量,即

$$W_{\text{DWT}} = D_{\text{满}} - D_{\text{空}}$$

2) 净载质量

净载质量(Dead Weight Cargo Capacity,DWCC)指船舶所能装载的最大限度的货物质量。船舶净载质量等于船舶总载质量减去燃料、淡水、粮食和供应品、船用备品、船员和行李以及船舶常数 C 后的质量,即

$$W_{\text{DCC}} = W_{\text{DWT}} - 燃料 - 淡水 - 其他储备 - C$$
$$W_{\text{DCC}} = D_{\text{满}} - D_{\text{空}} - 燃料 - 淡水 - 其他储备 - C \tag{5-2}$$

二、船舶的容积性能

船舶的容积性能包括货舱容积和船舶登记吨位。货舱容积的计量单位以 m^3 表示,登记吨位以 t 表示。

1. 货舱容积

货舱容积是船舶货舱内部空间大小的度量,有散装容积和包装容积之分。

1) 散装容积

散装容积(Grain Capacity)是货舱内能够装载散货(如散粮、矿砂、煤炭、盐等)的货舱容积。它包括由船舶两舷壳板内缘、舱底板、舱盖板和横舱壁所包围的容积并扣除肋骨、支柱和横梁所占容积后的容积。

2) 包装容积

包装容积(Bale Capacity)是货舱内能够装载包装件货的货舱容积。它包括由肋骨内护板内缘、横梁下缘到舱底板所包围的容积。因为包装货通常不能充分利用肋骨之间、横梁之间的空隙,所以包装容积比散装容积小,一般为散装舱容积的 90%~96%。

3) 舱容系数与积载因数

舱容系数(Coefficient of Load)是船舶货舱容积与船舶净载质量的比值,即每一净载质量所能提供的货舱容积,用 ω 表示,则有

$$\omega = \frac{V}{D_{\text{净}}}$$

式中：V 为船舶货舱容积，m^3；$D_{净}$ 为船舶净载质量，t。

货物积载因数（Stowage Factor, SF）指某种货物每吨质量所具有的体积或在船舶货舱中正常装载时所占的容积。前者为不包括亏舱的货物积载因数，俗称理论积载因数（=货物量尺体积/货物质量）；后者为包括亏舱的货物积载因数（=货物占用货舱的容积/货物质量）。

舱容系数是船舶重要的容积性能，也是反映船舶载货性能的重要技术指标。将舱容系数与货物的积载因数相比较，可判断船舶是适宜装重货，还是适宜装轻货。舱容系数越大，船舶越适宜装轻货；反之，则适宜装重货。通常，船舶资料中的舱容系数指使用夏季载重线时在最大续航能力下的数值。最大续航能力就是指船舶在装满燃油、淡水及其他消耗品以后，不在途中进行补给而能够连续航行的最大距离。由于船舶的净载质量是随航程不同而变化的，因此舱容系数也是变化的。杂货船的舱容系数大多在 1.5 m^3/t 以上，有的达 1.8~2.1 m^3/t，这是为了适应装运轻货的需要。

2. 船舶登记吨位

船舶登记吨位指按《船舶吨位丈量规范》的有关规定，丈量所得到的内部容积，是为船舶注册登记而规定的一种以容积折算的专门吨位。与以质量单位"t"表示的船舶排水量和载质量不同，船舶登记吨位主要用于船舶登记。《船舶吨位丈量规范》规定，1 吨位等于 100 in^3（或 2.83 m^3）。船舶参加运输生产前，根据规定必须对船舶进行丈量以确定其登记吨位。每艘船舶经过丈量核算后，均将结果记入吨位证书内。船舶登记吨位分为总吨位（GT）和净吨位（NT）两种。

1）总吨位

总吨位是通过对船舶所有围蔽处所进行丈量计算后确定的吨位。总吨位一般用于表示船舶的大小等级，表示国家统计船舶数量的单位，作为计算造船、买卖船舶及租船费用的依据，作为船舶登记、检验和丈量的收费标准，作为计算海损事故赔偿的基准以及计算净吨位的依据等。

2）净吨位

净吨位是对船舶能够实际营运的载货（客）处所进行丈量计算后确定的吨位。净吨位一般作为计算船舶向港口交纳各种费用和税收（如停泊费、引航费、拖带费及海关税等)的依据,作为计算航经苏伊士运河和巴拿马运河时的船舶通行税的依据等(各运河都有其特定的计算方法)。通常净吨位是总吨位的 0.63%~0.70%。

【思考训练】

1. 将班级同学分成若干学习小组,收集主要船型的船舶规范,分析其重量性能。

2. 对比不同船舶的舱容系数,分析该系数与装载货物的关系。

【思考训练注意事项】

1. 教师安排讨论内容,要求各小组分工明确。

2. 活动分工:各学习团队由队长组织协商,分派工作。

3. 活动开展:学习团队可以利用各种资源进行资料查询。

4. 总结:讨论后,各团队进行资料汇总,并加以整理,以PPT形式制作演示文稿。

【评价标准】

团队名称		团队负责人	
团队分工			
考评标准	内容	分值/分	实际得分/分
	小组分工是否明确	10	
	资料是否详细准确	20	
	团队协作水平	10	
	重量、容积性能相关知识的掌握程度	40	
	资料收集能力与分析能力	20	
	合计	100	

任务三　船舶的装卸性能认知

【资料卡】

上海港连破"四纪录",昼夜集装箱吞吐量超17万TEU

2022年9月,面对11、12号台风的前后"夹击",上港集团敏锐地抓住生产窗口期,以最快速度完成干、支线船装卸任务,联通国内、国际"双循环",单昼夜创下四项新纪录,为稳定全球产业链、供应链作贡献!

"纪录是用来打破的!"2022年9月11日,全体上港人团结一心、铆足干劲,旨在用最快速度消化11号台风"轩岚诺"对生产带来的影响,以及充分考虑后续12号台风"梅花"的影响。继9月8日上海港集装箱昼夜吞吐量首次突破16万TEU后,上港人拼搏奋斗一昼夜,以170 173 TEU再次刷新昼夜集装箱吞吐量纪录,首次跃升至17万TEU。其中,第一班完成61 935 TEU,创单工班新高,原纪录为2021年8月19日第一班完成的60 430 TEU。

冠东公司完成地中海伊莎贝拉号27 111 TEU箱量的装卸作业,创单船作业量新纪录,原纪录为2021年10月5日盛东公司创造的达飞雅克萨德号单船作业25 775 TEU。同时,冠东公司完成单昼夜集装箱吞吐量40 188 TEU,成为上港集团首家昼夜箱量突破4万TEU的码头,刷新了公司在2021年9月21日创下的单昼夜36 482 TEU的纪录。

（资料来源：上港集团官网）

船舶的装卸性能影响船舶的装卸效率,其随货舱布置、船体结构及起货设备的不同而不同,即具有不同的货舱布置、船体结构和起货设备的船舶,其装卸性能有优劣之分。

一、货舱布置

船舶货舱数量、舱口尺度、舱口数、货舱位置、货舱容积的不平衡性等都影响船舶的装卸性能,进而影响船舶的装卸效率。

船舶装卸效率的高低在很大程度上决定了船舶在港的停泊时间,从而影响船舶周转、船舶运输能力和运输成本,同时也影响港口泊位的通过能力和货物的装卸成本,因此,努力改善船舶的装卸性能,进而提高船舶的装卸效率,具有重大的经济意义。

1. 货舱数

当货舱总容积一定时,货舱数较少,则每个货舱的容积相对较大。由于舱内工作场地比较宽敞,便于作业,装卸效率比较高,所以一般货船在保证满足横向强度所要求的横舱壁数以及满足抗沉性(一般货船要求保证任意一舱进水不沉)的要求下,会尽量减少货舱数。但是对于经常装运货种复杂、有互抵性货物的杂货船,要求有足够的货舱数以满足货物的分舱隔离,一般都设有较多的货舱,因而每个货舱的容积相对较小,舱内工作场地狭窄,作业困难,装卸效率比较低。

2. 舱口尺度

船舶的舱口尺度(长度与宽度)对装卸效率影响很大。舱口越大,能直接利用起货设备装卸货物的数量越多,货舱周围与舱口边缘之间的距离越短,作业越方便,船舶的装卸效率越高。目前建造的货船,为了既减小舱口边缘至船舷的距离,又保证船舶强度,通常采用双列舱口或三列舱口。为了提高集装箱的装卸效率,目前已出现了无舱口盖的新型集装箱船。

3. 舱口数

增加舱口数可以缩短船舶在港停泊的时间。船舶的舱口数越多,意味着能同时进行装卸的作业线就越多,就越能加快船舶的装卸速度,缩短船舶的装卸时间。因此,有些船舶会在每个较长的货舱上增加舱口数目,以达到快速装卸的目的,但货船一般每个货舱只设一个舱口。

4. 货舱位置

通常将机舱布置在船的尾部以便货物集中在中部,这种布置方式可以避免轴隧通过货舱所形成的舱底凹凸不平。如果将机布置在船的中部,则应尽量提高靠近船首、船尾货舱的内底高度,使整个货舱呈矩形,便于装卸。

5. 货舱容积的不平衡性

由于船舶线型的缘故,造成船体首尾狭小、中部大,船舶各货舱容积大小不等,所以完成各货舱的装作业时间往往不相同。如果等最大货舱的装作业完成,将增加船舶在港停留时间,影响船周转。因此,应尽量减少舱容分配的不均衡性,使各货舱装卸作业能同时完成,缩短船舶的停泊时间。

二、船体结构

船体结构对船舶装卸性能的影响主要涉及货舱的结构以及甲板的层数等。

1. 货舱结构

货舱的结构形状要求平整,一般呈长方形,这样不仅便于货物在舱内堆放,也利于装卸。有些船舶两侧设有边舱,使货舱内壁平直。舱内应尽量减少支柱和突出件,以便于货物在舱内堆积,并利于装卸机械在货舱内作业。

2. 甲板层数

船舶的甲板层数越多,甲板间舱和底舱的高度越小,就会影响装卸机械工作,造成装卸作业困难,所以甲板层数不宜太多。集装箱船、散货船、油船等一般均为单甲板,根据件杂货的特殊要求,杂货船多数采用二层甲板。

三、起货设备

起货设备的类型、数量、技术性能对船舶的装卸起着非常重要的作用,尤其在港口装卸机械有限的时候,作用更为突出,例如重吊船的起货设备对船舶的装卸效率起决定性作用。目前运输船舶的起货设备正向专业化、大型化方向发展。

【思考训练】

1. 将班级同学分成若干学习小组,收集主要上海港不同码头的装卸效率。
2. 分析集装箱船结构对集装箱船装卸效率的影响。

【思考训练注意事项】

1. 教师安排讨论内容,要求各小组分工明确。
2. 活动分工:各学习团队由队长组织协商,分派工作。
3. 活动开展:学习团队可以利用各种资源进行资料查询。
4. 总结:讨论后,各团队进行资料汇总,并加以整理,以PPT形式制作演示文稿。

【评价标准】

团队名称			团队负责人	
团队分工				
考评标准	内容	分值/分	实际得分/分	
	小组分工是否明确	10		
	收集资料是否详细准确	20		
	团队协作水平	10		
	分析问题能力	40		
	资料收集能力	20		
	合计	100		

项目六 充分利用船舶的装载能力

内容简介

充分利用船舶的装载能力,就是要求达到满舱、满载,使船舶的载重和载货容积都能得到最大限度的利用,即既应使船舶装载货物的数量等于航次的净载质量,又应使装运货物的体积接近于货舱的容积。充分利用船舶的装载能力,是合理使用船舶,提高船舶营运经济效果的主要措施。

 学习目标

1. 知识目标

(1) 掌握提升船舶净载质量的方法。

(2) 掌握船舶装载的轻重搭配。

(3) 掌握减少亏舱的方法。

2. 技能目标

(1) 能够独立查找资料,并进行资料整理、汇总的能力。

(2) 能够完成基础的文件整理、汇总工作。

(3) 能正确利用船舶的装载能力。

任务一 提高船舶的载重能力

【资料卡】

载重线标志的使用注意事项

载重线因航行季节、航区或船舶用途而异。为了在确保船舶安全的基础上尽可能地利用船舶的载重性能,使用载重线标志时应注意以下事项:

(1) 船舶所勘绘的载重线位置与证书所载相符合。

(2) 保持载重线标志清晰可见。

(3) 保持证书在有效期内,展期不超过5个月。

(4) 保证船体和上层建筑、有关装置和设备无实质性变动。

(5) 封闭的上层建筑所有出入口关闭设备应当能够保持风雨密,其出入口的门槛高度应至少为380 mm(干舷甲板上门槛严重锈蚀或破损是PSC扣船的原因之一)。

(6) 船舶载质量应受到限制以保证船舶无论在出港时、航行中还是到港时,由区带或区域、季节期所确定的载重线不被水线淹没。

(7) 当船舶处于载重线海图中的区带或区域分界线港口装货且驶向使用较高载重线的海区,则适用较高载重线;反之,适用较低载重线。

(8) 当船舶处于密度为 1.000 g/cm^3 的淡水中,应根据水域位置及季节期使用淡水或热带淡水载重线。若密度大于 1.000 g/cm^3 时,应以 1.025 g/cm^3 和实际密度的差值按比例决定。

(9) 船舶从江河或内陆水域的港口驶出时,准许超载量至多相当于从出发港至海口间所需油水及其他物料的质量。

(10) 对于船舶由于气候恶劣或其他不可抗力的原因而发生绕航或延滞情况,可背离公约中的有关规定。

船舶装载能力,指船舶在具体航次中所能承运货物的最大限额。包括载重能力、舱容能力和其他装载能力。载重能力和舱容能力分别指船舶在具体航次中所能承运货物质量和容纳货物容积的最大限额。其他装载能力指船舶承运特殊货物(如危险货物、重大件、冷藏货物等)数量的最大限额。船舶装载能力的影响因素主要有具体航次允许使用的载重线,船舶吃水受航线水深限制状况,航次油水补给方案,具体航次货物情况,船舶配积载技术等。充分利用船舶装载能力,是提高船舶运输能力,增加船舶营运经济效益的主要途径之一。

为了充分利用船舶的净载能力,首先要根据航次的具体条件,挖掘一切潜力,提高船舶的载重能力,即船舶的净载质量。其基本途径如下:

(1) 正确确定和使用船舶的载重线。

(2) 合理确定船舶航次燃料与淡水的数量。

(3) 清除船上的垃圾及废料,减小船舶常数。

例6-1:某轮满载排水量 $D_满$ = 38 650 t,空船排水量 $D_空$ = 11 200 t,航速 16 n mile/h,由上海开往新加坡,航程 2 206 n mile,航行时燃料、淡水均在上海装够单程之用,航行的燃料、淡水预备量各为其消耗量的20%,到达新加坡后即可补给,但仍需准备停泊半天的消耗量,试求航次净载质量。

已知:

①燃油消耗定额为航行 30 t/d,停泊 5 t/d;

②淡水消耗定额为航行 20 t/d,停泊 10 t/d;

③其他储备品 40 t,船舶常数 150 t。

解:上海至新加坡的航行时间为

$$\frac{2\ 206\ \text{n mile}}{16\ \text{n mile/h} \times 24\ \text{h/d}} = 5.7\ \text{d}$$

航行燃油消耗质量为

$$30\ \text{t/d} \times 5.7\ \text{d} = 171\ \text{t}$$

航行预备燃油质量为

$$171 \text{ t} \times 20\% = 34.2 \text{ t}$$

新加坡停泊消耗燃油质量为

$$5 \text{ t/d} \times 0.5 \text{ d} = 2.5 \text{ t}$$

燃油总质量为

$$171 \text{ t} + 34.2 \text{ t} + 2.5 \text{ t} = 207.7 \text{ t}$$

航行消耗淡水质量为

$$20 \text{ t/d} \times 5.7 \text{ d} = 114 \text{ t}$$

航行预备淡水质量为

$$114 \text{ t} \times 20\% = 22.8 \text{ t}$$

新加坡停泊消耗淡水质量为

$$10 \text{ t/d} \times 0.5 \text{ d} = 5 \text{ t}$$

淡水总质量为

$$114 \text{ t} + 22.8 \text{ t} + 5 \text{ t} = 141.8 \text{ t}$$

根据式(5-1)可得

$$D_{净} = D_{满} - D_{空} - 燃料 - 淡水 - 其他 - 船舶常数$$
$$= 38\,650 \text{ t} - 11\,200 \text{ t} - 207.7 \text{ t} - 141.8 \text{ t} - 40 \text{ t} - 150 \text{ t}$$
$$= 26\,910.5 \text{ t}$$

【思考训练】

1. 将班级同学分成若干学习小组,收集主要船型的船舶规范,分析其载重性能和容积性能。

2. 计算航次运营中燃油、淡水等消耗,合理装载燃油与淡水。

【思考训练注意事项】

1. 教师安排讨论内容,要求各小组分工明确。

2. 活动分工：各学习团队由队长组织协商，分派工作。

3. 活动开展：学习团队可以利用各种资源进行资料查询。

4. 总结：讨论后，各团队进行资料汇总，并加以整理。

✓【评价标准】

团队名称		团队负责人	
团队分工			
考评标准	内容	分值/分	实际得分/分
	小组分工是否明确	10	
	资料是否详细准确	20	
	团队协作水平	10	
	计算航次消耗能力	40	
	资料收集能力	20	
	合计	100	

任务二　充分利用船舶舱容

【资料卡】

积载因数与亏舱系数

积载因数（Stowage Factor,SF），是每吨货所占的舱容或量尺体积。

亏舱系数（Rate of Broken Stowage），又称亏舱率，是亏舱舱容（货物在舱内所占舱容与其量尺体积的差值）与货物在舱内所占舱容的百分比。其大小随货物种类、包装形式、堆装质量以及货物的装舱部位不同而变化。表 6-1 为货物种类、包装形式与亏舱率的关系。

表 6-1　货物种类、包装形式与亏舱率的关系

货物种类、包装形式	亏舱率/%	货物种类、包装形式	亏舱率/%
各种杂货混装	10~20	大木桶	17~30
同一规格的箱装货物	4~20	煤炭	0~10
同一规格的袋装货物	0~20	谷物	2~10
同一规格的捆装货物	5~20	盐	0~10
同一规格的桶装货物	15~30	矿砂	0~20
同一规格的铁桶装货物	8~25	木材	5~50

产生亏舱的原因有：

（1）货物与货物之间的不正常空隙。

（2）货物须留出通风道或膨胀余地的空间。

（3）货物衬隔材料所占的空间。

（4）货物与货舱舷侧和围壁间无法利用的空间等。

船舶积载中，保证货物紧密堆码、合理进行系固和衬垫、正确选定货位、尽量使货物包装与其所配货舱舱形相适应等，是减少亏舱率、提高船舶运输能力的方法。

在确定船舶的净载质量后,还有如何充分利用船舶舱容的问题。在配积载时,应尽量做到满舱、满载,否则就会造成一定的运力浪费。既能充分利用船舶的载重能力,又能充分利用船舶舱容有如下几种配载方法。

一、进行轻重货物搭配

轻重货物合理搭配载是充分利用船舶净载质量与舱容的有效办法。在船上若装运大量轻泡货,轻货的体积很大,质量却很轻,即使能把船舶的货舱全部装满,但船舶装载的质量却远未达到航次的净载质量。这样,船舶的载重能力就没有充分利用。相反,船上装载重货过多,重货的体积较小,即使船舶的载质量虽已达到限额,但却剩余大量的舱容,船舶的容量能力没有充分利用。以上两种情况均造成一定的运力浪费,所以在船舶配载时,要注意轻重货物的搭配,尽量使船舶满舱满载,充分利用船舶的运力。轻重货物搭配的装载量可通过解下列方程式求得。

$$\begin{cases} P_重 + P_轻 = D_净 \\ P_重 u_重 + P_轻 u_轻 = V \end{cases} \quad (6-1)$$

式中:$P_重$为重货质量,t;$P_轻$为轻货质量,t;$D_净$为船舶航次净载质量,t;$u_重$为重货的积载因数,m^3/t;$u_轻$为轻货的积载因数,m^3/t;V为船舶货舱总容积,m^3。

解方程式(6-1)得

$$P_重 = \frac{D_净 u_轻 - V}{u_轻 - u_重}$$

$$P_轻 = D_净 - P_重$$

以上是轻重货物的简单搭配方法。通常航次货载不止两票,但同样可以用此方法解决。因配载时往往多种货物的品种及数量已经确定,待选的货物品种及数量是其中的若干种,此时,在待选的货物中选一票重货和一票轻货,就能通过求解上述类似的方程组,求得所选重货和轻货的质量。如果是两种以上的轻重货物,则可将轻、重货分别合并,求出其平均积载因数。再按上法求出轻重货的搭配数量。如果一部分货物的质量已经确定,剩余部分可以选择,则可将已定货物的质量和容积计算出来,从船舶净载质量和总舱容中扣除掉,再计算其余未定货物的质量(例6-2)。

例6-2:某轮净载质量为8 000 t,货舱容积为12 000 m³,现装钢管(积载因数 $u=1\ \text{m}^3/\text{t}$)和袋装焦炭(积载因数 $u=2.5\ \text{m}^3/\text{t}$),问两种货物各装多少才能达到满载、满舱的要求?

解:根据式(6-1)建立方程组

$$\begin{cases} P_{重} + P_{轻} = 8\ 000\ \text{t} \\ P_{重} \times 1\ \text{m}^3/\text{t} + P_{轻} \times 2.5\ \text{m}^3/\text{t} = 12\ 000\ \text{m}^3 \end{cases}$$

解方程组得钢管的质量为

$$P_{重} = \frac{D_{净}u_{轻} - V}{u_{轻} - u_{重}} = \frac{8\ 000\ \text{t} \times 2.5\ \text{m}^3/\text{t} - 12\ 000\ \text{m}^3}{2.5\ \text{m}^3/\text{t} - 1\ \text{m}^3/\text{t}} = 5\ 333.3\ \text{t}$$

焦炭的质量为

$$P_{轻} = D_{净} - P_{重} = 8\ 000\ \text{t} - 5\ 333.3\ \text{t} = 2\ 666.7\ \text{t}$$

在船舶积载工作中,在分配各货舱货种及数量时,也存在充分利用船舶装载量及舱容的问题,这时亦要注意轻重货物的搭配。若各舱未能搭配好,各货舱的舱容不能充分利用,全船就不能装运预定的货物,造成一定的经济损失。船舶积载工作中经常遇到的情况是船上装运较多的轻泡货,船舶的载重能力未能充分利用,而船舶货舱容积显得比较紧张。这时船上各货舱根据船舶强度和吃水差的要求都要装运一定数量的货物,而各舱舱容又要充分地利用,在这种情况下,各货舱轻重货物搭配问题和上述的轻重货搭配方法基本相同。

例6-3:某轮总载质量为13 000 t,货舱容积为20 000 m³,其中:燃油、淡水、其他储备以及船舶常数为1 000 t。现装钢管(积载因数 $u=1\ \text{m}^3/\text{t}$)1 000 t,其余运送袋装焦炭(积载因数 $u=2.5\ \text{m}^3/\text{t}$)和袋装铝土矿(积载因数 $u=1\ \text{m}^3/\text{t}$),问两种货物各装多少才能达到满载、满舱的要求?

解:航次的净载质量为

$$13\ 000\ \text{t} - 1\ 000\ \text{t} = 12\ 000\ \text{t}$$

装钢管后剩余载质量为

$$12\ 000\ t - 1\ 000\ t = 11\ 000\ t$$

装钢管后占用的舱容为

$$1\ 000\ t \times 1\ m^3/t = 1\ 000\ m^3$$

装钢管后剩余的舱容为

$$20\ 000\ m^3 - 1\ 000\ m^3 = 19\ 000\ m^3$$

根据式(6-1)建立方程组

$$\begin{cases} P_{重} + P_{轻} = 11\ 000\ t \\ P_{重} \times 1\ m^3/t + P_{轻} \times 2.5\ m^3/t = 19\ 000\ m^3 \end{cases}$$

解方程组得铝土矿的质量为

$$P_{重} = \frac{D_{净} u_{轻} - V}{u_{轻} - u_{重}} = \frac{11\ 000\ t \times 2.5\ m^3/t - 19\ 000\ m^3}{2.5\ m^3/t - 1\ m^3/t} = 5\ 666.7\ t$$

焦炭的质量为

$$P_{轻} = D_{净} - P_{重} = 11\ 000\ t - 5\ 666.7\ t = 5\ 333.3\ t$$

二、合理确定货位、紧密堆装、减少亏舱

除了货种的轻重搭配外,在编制货物积载图时需根据货种特点合理选择舱位,如:将笨重大件货、大的箱子货、大的桶装货等配装在船舶中部的大舱,并配装一些小件货填补空位;体积小的货物、软包装货应配装在狭窄的舱位。同样,二层舱因高度较小,一般不宜配装包装尺寸很大的货件,以避免二层舱上部出现无法被利用的舱容。另外,装货的质量也直接影响到舱容的利用程度,因此,还要和港方搞好协作关系,驾驶人员及看舱人员需经常下船舱察看货物的堆装情况,要求装卸工人紧密堆装,尽量减少亏舱。

当船舶承运有特殊要求的货物或舱容不足时,应当创造条件,挖掘船舶潜力,尽可能充分利用船上的特殊舱室或舱面装载货物。例如:可考虑把一些重

量轻、易于运输的小、软包装货物装于未被利用的深舱或冷藏舱内;把一些在航海习惯上或有关货运单证上确认可以装于舱面的货物装于舱面等。以充分利用船舶运力,增加船舶营运效益。

【思考训练】

1. 将班级同学分成若干学习小组,收集减少亏舱的方法。
2. 计算航次运营中轻重货搭配。

【思考训练注意事项】

1. 教师安排讨论内容,要求各小组分工明确。
2. 活动分工:各学习团队由队长组织协商,分派工作。
3. 活动开展:学习团队可以利用各种资源进行资料查询。
4. 总结:讨论后,各团队进行资料汇总,并加以整理,以PPT形式制作演示文稿。

【评价标准】

团队名称		团队负责人	
团队分工			
考评标准	内容	分值/分	实际得分/分
	小组分工是否明确	10	
	资料是否详细准确	20	
	团队协作水平	10	
	计算航次轻重货搭配	40	
	资料收集能力	20	
	合计	100	

项目七　确保船舶有足够的强度

内容简介

在船舶营运过程中,船体承受着船舶重力、浮力、波浪及其他不同外力的作用,船体各层甲板也承受着各种负荷的作用。为了保证船舶安全运输,保证船体在各种力的共同作用下不致产生较大的变形和损坏,船舶结构必须具有足够的强度。船舶强度是否满足要求,取决于设计建造时船体结构强度和运营时船上载荷分布的合理性。对于已投入营运的船舶,只能通过合理的积载来改善船舶的受力情况。正确合理的船舶积载能确保船舶的强度,对保证船舶运输安全和延长船舶使用寿命都具有重要的现实意义。

学习目标

1. 知识目标
(1) 掌握船舶强度的基本概念。
(2) 掌握中垂、中拱的基本概念。
2. 技能目标
(1) 能够独立查找资料,并进行资料整理、汇总。
(2) 能够完成基础的文件整理、汇总工作。
(3) 能够掌握保证船舶强度的基本方法。

任务一　船舶强度认知

【资料卡】

MOL COMFORT 号断船事故

2013年6月17日下午1时，MOL COMFORT号搭载着7 000多个标准集装箱执行亚欧航线任务，在新加坡前往沙特吉达港的途中，在距离阿曼塞莱拉港430 n mile处（12°33′N、59°46′E附近）突发事故，船舶中部出现断裂。24 h之后，18日，MOL COMFORT号断为两截，逐渐分别漂离。发生断船事故10天之后，27日，MOL Comfort号船尾部分于14°26′N、66°26′E附近的公海沉入了印度洋的海底，同时沉入海底的还有1 700个集装箱和1 500 t燃油。7月6日10时左右，MOL Comfort号船首部分起火，在海上漂流了23天的"船坚强"（船首部分），在7月11日，于19°56′N、65°25′E附近的公海沉入了海底。

（资料来源：航运界网）

船舶结构抵抗船体发生极限变形和损坏的能力称为船舶强度（Strength of Ships）。船舶强度分为总强度和局部强度两大类。总强度又分纵向强度、横向强度和扭转强度。从船舶积载角度来说船舶强度主要考虑船舶的纵向强度和局部强度。

一、船舶纵向强度

船体结构抵抗总纵弯曲或破坏的能力称为船体纵向强度（Longitudinal Strength），纵向强度主要是船体抵抗其在外力作用下产生的纵向弯曲、剪切和扭转等应力的能力。

当船舶正浮时，船总重力与总浮力大小相等，方向相反，作用在同一条垂直线上，即重力与浮力相平衡。但实际上船体纵向各段上的重力与浮力不一定是相平衡的，这是由船的重力沿船长分布的情况与浮力沿船长分布的情况不一致所造成的。若船体的各段之间可以自由上下移动,各段重力和浮力取得新的平衡,就会产生如图7-1(a)所示的状态。但事实上船体是个整体,各段之间有结构上的联系,结果便造成如图7-1(b)所示的变形。船体上每一段的重力与浮力的差值就是实际作用在船体上的负荷,船体正是由于负荷的作用而产生了剪力(Shearing Force)和弯矩(Bending Moment),剪力最大值在距船首和船尾约1/4船长附近,而弯矩最大值则约在船中处。

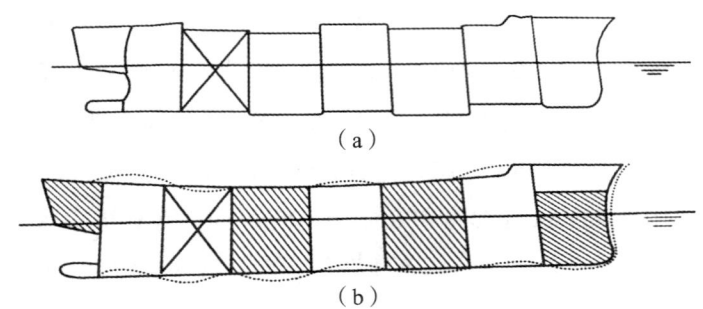

图7-1　重力与浮力处于平衡状态时船体的变形情况

由于弯矩作用使船舶产生中拱和中垂两种变形。

（1）中拱(Hogging)变形。船体受正弯矩作用,中部上拱,这时船中部浮力大于重力,首、尾部浮力小于重力,船舶上甲板受拉伸,船底受挤压,如图7-2所示。

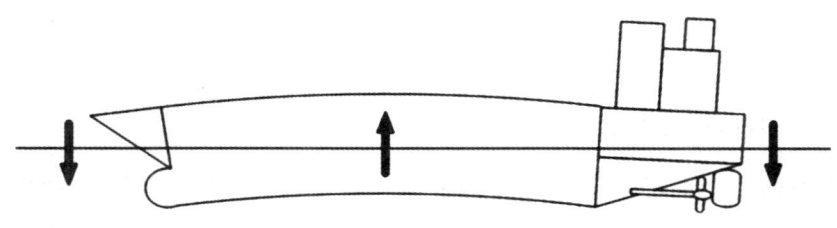

图7-2　弯矩作用使船舶产生中拱变形

（2）中垂(Sagging)变形。船体受负弯矩作用,中部下垂,这时船中部重力大于浮力,首、尾部重力小于浮力,船舶上甲板受挤压,船底受拉伸,如图7-3所示。

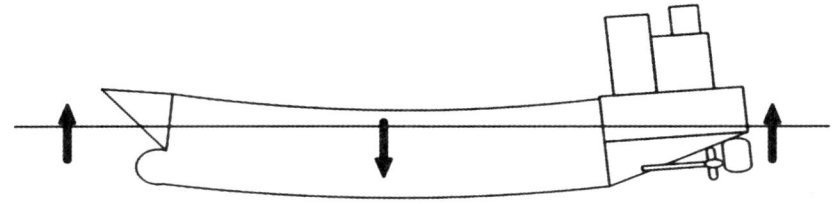

图 7-3　弯矩作用使船舶产生中垂变形

船舶由于配积载引起的弯矩,称为静水弯矩。船舶在静水中,尽管装载比较均衡也可能产生中拱或中垂的变形,但其数值较小,为一般船舶强度所允许。但若船舶首、尾载重较多而中部载重较少,则会产生较大的中拱变形;反之,会产生较大的中垂变形。对一般船舶来说,较大的中拱或中垂变形是不允许的,这种装载对船体结构产生不利影响,轻者会使某些结构部位受到过大应力而降低船舶使用寿命,重者会发生船体塑性变形甚至断裂的严重后果,现实中常发生因配载不当而引起的事故,如 MOL COMFORT 号断船事故。

当船舶在波浪中航行时,接近于船长的波长对船体最不利。特别是当船中位于波峰或波谷时,若此时船舶各货舱中配载不均匀,船舶中拱或中垂将加剧,弯曲变形将更严重,甚至威胁船舶安全。在船舶配积载工作中,应防止较大的中拱或中垂的产生。

二、船舶横向强度

船体结构抵抗横向变形或破坏的能力称为船体横向强度(Transverse Strength)。船体在外力的作用下,除了发生总纵弯曲外,还有船宽方向的变形,这是由于水对船壳的压力,以及在甲板、船底的内底板上装货的结果。

通常船舶都具有坚固的横向框架来支持船壳板、甲板等。一般船舶的横向构件尺寸与纵向构件相比要大得多,因而横向强度是足够的,船舶很少因为横向强度不足而发生横向结构断裂的情况。但是,如集装箱船由于舱口宽大,无中间甲板,上甲板边板又很狭窄,给船体的横向强度、扭转强度也带来了问题,为此集装箱船均设置强固的横向框架结构甚至采用双层船壳等来保证其横向强度。在装货时,应经常检查和保证货物在每一个货舱内左右对称装载。

三、船舶扭转强度

船体结构抵抗扭转变形或破坏的能力称为船体扭转强度(Torsion Strength)。对于普通船舶,一般都具有充分的抵御扭转变形或破坏的能力,故对其可不予考虑,但对于甲板大开口的船(如集装箱船、固体散货船等),则应在配载时予以足够的重视。如果在装货时,由于某舱配载不好,使船向一侧横倾,若简单地在其他货舱内向另一侧增加重量,企图以此来校正船舶横倾,就会导致船舶受到扭转力矩作用而产生扭转变形。所以,在装货时要注意保持沿船长方向在中纵剖面左、右重量的对称性。产生船舶扭转变形的主要原因有3个:①波浪;②船舶横摇;③船舶的装卸货。在所有作用于船体的扭转力矩中,波浪引起的扭转力矩最大,最大扭转力矩一般发生在船中附近。

四、船舶局部强度

船体各部分结构抵抗局部变形或破坏的能力称为船体局部强度(Local Strength)。局部强度是研究船体在重力作用下,局部构件抵抗弯曲和剪切的能力。局部强度虽然是局部性的,但是有时局部的破坏也会导致全船的破坏,如大舱口角隅处的裂缝可能会导致整个上甲板、中间甲板、底舱的局部强度不符合要求,从而引起甲板或内底板变形或坍塌,进一步导致船体断裂。因此,船舶驾驶员在配积载时应认真校核船舶的局部强度。

【思考训练】

1. 将班级同学分成若干学习小组,收集因船舶强度不足引发的安全事故。
2. 结合前面学习的船舶结构,分析加强纵向强度的方法。

【思考训练注意事项】

1. 教师安排讨论内容,要求各小组分工明确。
2. 活动分工:各学习团队由队长组织协商,分派工作。
3. 活动开展:学习团队可以利用各种资源进行资料查询。
4. 总结:讨论后,各团队进行资料汇总,并加以整理。

【评价标准】

团队名称			团队负责人	
团队分工				
考评标准	内容	分值/分	实际得分/分	
	小组分工是否明确	10		
	收集资料是否详细准确	20		
	团队协作水平	10		
	分析问题能力	40		
	资料收集能力	20		
合计		100		

任务二　保证船舶强度的方法

【资料卡】

装货过程船舶断裂事故

2009年,某船于长江某港锚地过驳装载铁矿粉,装载约6 500 t时船舶主甲板及左右舷侧板断裂,随即中部折断并快速沉没。

该事故船为钢质的散货船(适于矿石、钢材、水泥熟料、煤炭等一般散货),总长115.80 m,两柱间长112.00 m,型宽18.40 m,设计吃水6.00 m,载质量7 500 t,限于近海(B级冰区)和长江A、B航区,2005年10月建造完工后即投入营运。该船结构:①双底、双舷、单甲板结构,双机双桨推进,球艏、双尾的节能船型;②双层底,自首部防撞舱壁向尾延伸至机舱前壁;③前后两货舱,38肋位和135肋位各设全通平面舱壁,86与87肋间设槽型舱壁,货舱肋距0.70 m。

事故经过:2009年某日,该船于长江某港锚地过驳作业区过驳装载铁矿粉(密度7.8 kg/m³),浮吊吊机驳载进度约为300 t/h。装载约为6 500 t时,船舶左右舷侧板断裂,随即船舶中部折断并快速沉没。现场勘查打捞相关记录显示:甲板处的断裂痕迹呈受压断裂状态,甲板撕开断口约3 m;左舷和右舷断口位于驾驶室前约30 m,从甲板开裂到船底部,可谓惨不忍睹。

(资料来源:《航海技术》2001年第6期)

一、船舶纵向强度保证方法

为了保证船体纵向强度,应特别注意货物质量沿艏艉方向的正确分配,应尽量使船体纵向受力不致过度。保证船体纵向强度应注意以下几个方面。

(1)为了保证船体每一段的重力与浮力的分布均衡,实践中经验配舱法是各货舱应按舱容比例分配货物质量,具体计算公式为

$$P_i = \frac{W_i}{W_P} P \qquad (7-1)$$

式中：P_i 为第 i 舱应分配的货物质量，t；W_i 为第 i 舱的舱容，m³；W_P 为全船货舱总舱容，m³；P 为航次货物总质量，t。

船舶各舱装货数量除应满足纵向强度的要求外，还应满足吃水差和舱内某些货物因性质互抵不能同舱装载的要求等。因此，按式(7-1)求得的各舱分配货物的吨数允许做少量的调整。调整值可取夏季满载时该舱装货质量的±10%，也可取本航次全船载货质量按舱容比例在该舱的应摊份额的±10%。前者调整范围较宽，便于操作；后者调整范围较小，较为安全。在考虑调整值后，各舱容允许装货质量就有一个上限值和一个下限值。若各舱实际的装货数量在各舱允许上、下限值的范围内，通常能够满足船舶纵向强度的要求。

表 7-1 为某船各舱的货物分配情况，全船货舱总容积 $W=20\,000$ m³，夏季满载时全船载货量 $Q=12\,000$ t，根据按舱容比分配货物的原则可分配出各舱的装货量。

表 7-1 某船货舱的货物分配

舱名	NO.1	NO.2	NO.3	NO.4	NO.5	合计
各舱容积/m³	2 000	4 000	6 000	6 000	2 000	20 000
各舱百分比/%	10	20	30	30	10	100
各舱装货质量/t	1 200	2 400	3 600	3 600	1 200	12 000
调整值/t	120	240	360	360	120	
各舱允许装货量的上、下限值/t	1 320/1 080	2 640/2 160	3 960/3 240	3 960/3 240	1 320/1 080	

（2）应防止装卸货过程中货物质量沿船舶纵向分布不合理。对杂货船而言，应均衡各舱的装卸速度，防止在装卸过程中出现某货舱中货物质量与其他货舱中的货物质量相差过分悬殊。

（3）应防止在中途港装卸货物以后，货物质量沿船舶纵向分布不合理。中途港货量较大时，应按舱容比例分配；货量较少时，可间舱配置。

(4)应综合考虑船上油水的分布对船舶总纵强度的影响,尤其是远洋货轮。

二、船舶局部强度保证方法

虽然局部强度是局部性的问题,然而有时局部强度的破坏也可能导致总体性的破坏,如有时舱口角隅处的裂缝就会导致整个船体断裂,造成严重事故。涉及船舶积载的船体局部强度问题主要是货舱的上甲板、中间甲板及底舱承载能力的问题。船舶各层甲板单位面积安全负荷量是不相同的,通常船舶底舱比上甲板、中间甲板的负荷要大些。每艘船舶出厂均附有资料,具体说明各层甲板单位面积最大容许的负荷量,如果船上没有这种资料,可以参考下列公式或经验数据确定甲板的容许负荷量。

1. 上甲板

通常对结构较强的船舶,上甲板单位面积最大负荷量为 1.5 t/m^2,结构较弱的船舶,上甲板单位面积最大负荷量为 1.2 t/m^2。

2. 中间甲板和底舱

中间甲板和底舱的单位面积允许负荷量 P_d 应根据甲板间高度(或底舱高度) H_d 与设计时确定的货物单位体积的质量 R_c 来确定。中间甲板和底舱的单位面积允许负荷量为

$$P_d = H_d \cdot R_c$$

式中:P_d 为中间甲板和底舱允许的均布负荷,t/m^2;H_d 为甲板间舱平均高度,m;R_c 为设计时确定的单位体积重量,t/m^3。

根据我国《钢质海船建造规范》的规定,若无具体资料,取 $R_c = 0.72 \text{ t/m}^3$ 作参考,则单位面积允许负荷量为

$$P_d = 0.72 H_d$$

这个数据对于底舱显得保守,底舱通常可取 $R_c = 1.0 \text{ t/m}^3$。对于船龄较长的旧船,甲板厚度因锈蚀而变薄,强度降低,在使用中要根据具体情况决定允许负荷量。

如在各层甲板堆装重大件货时,应在下面增加衬垫,使接触面增大,以降低单位面积的负荷量。在可能的情况下,重件货位选在甲板上有支柱的位置,必要时还需要临时补加支撑。

现代海船都采用自动舱盖,为防止舱变形漏水,一般舱口盖上只装少量轻货,以保证舱口盖的局部强度。

3. 保证船舶局部强度的措施

(1) 降低所装货物的单位负荷。装重、大件时,应在下面增加衬垫,使接触面积增大,降低其单位面积所承受的负荷。重货应选在跨横梁及甲板下有支柱的位置,必要时需临时补加支撑。

(2) 配载时,尽量使货物重量均布,重货尽可能不扎位装载,特别是二层舱。

(3) 为防止船上的自动舱盖变形,舱盖上不装载重货,严格按其能承受的负荷装载。

(4) 有船龄较大的船舶,甲板因锈蚀等原因而变薄,强度降低,使用时应适当减少装载量。

(5) 干散货装舱时应注意平舱,避免负荷不均衡。重货装载时应限制其落底速度,以减小对舱底或甲板的冲击力等。

【思考训练】

1. 将班级同学分成若干学习小组,每组完成简单货舱配载保证船舶的纵向强度。

2. 收集重、大件货物的衬垫绑扎方法。

【思考训练注意事项】

1. 教师安排讨论内容,要求各小组分工明确。

2. 活动分工:各学习团队由队长组织协商,分派工作。

3. 活动开展:学习团队可以利用各种资源进行资料查询。

4. 总结:讨论后,各团队进行资料汇总,并加以整理,以 PPT 形式制作演示文稿。

【评价标准】

团队名称			团队负责人	
团队分工				
考评标准	内容		分值/分	实际得分/分
	小组分工是否明确		10	
	收集资料是否详细准确		20	
	团队协作水平		10	
	配载计算能力		40	
	资料收集能力		20	
	合计		100	

项目八 确保船舶有足够的稳性

📁 内容简介

　　船舶稳性是否适度直接关系到船舶航行是否安全以及适航性的好坏。稳性不足，会导致船舶倾覆；稳性过大，又会引起船舶在风浪中剧烈横摇同样产生不利影响。因此在船舶积载时应特别注意满足船舶稳性的要求，保证船舶具有适度的稳性。

学习目标

1. 知识目标
（1）掌握船舶稳性的基本概念。
（2）熟悉影响船舶稳性的因素。
2. 技能目标
（1）能够独立查找资料，并进行资料整理、汇总。
（2）能够完成基础的文件整理、汇总工作。
（3）能够掌握保证船舶稳性的基本方法。

任务一　船舶稳性的认知

【资料卡】

JUPITER 号沉船事故

2015年1月,建造于2006年,GEARBULK所有,装载有46 400 t铝矾土的巴哈马旗散货船JUPITER在距越南头顿市150 n mile的海域迅速沉没,造成18位海员死亡仅1人生还的严重事故。

后经调查组调查发现,有充足的证据证明本次事故的主要原因为装载货物(铝矾土)形成的自由液面降低了船舶稳性最终导致船舶迅速倾覆。当船舶装载的货物(镍矿、铝矾土等)所含水分较高时(由于其独特的含水分子结构,有时甚至直接看不出来货物含水),航程中的船舶摇摆和颠簸容易使货物析水并形成自由液面,自由液面随着船舶左右摇晃而造成严重的横倾甚至是突然倾覆。

IMO集装箱与货物运输分委会(CCC)成立了相应的事故调查小组,重新评估了铝矾土和煤炭(部分煤炭也有析水性)的特性,并考虑了是否需要修改IMSBC code的必要性。在完全调查清楚散货船JUPITER沉船事故原因后,CCC发布了一个通函,以提醒和指导船长可以拒绝载运该种货物,除非其达到如下要求:

(1) 含水量不得超过10%且粒度分布需以达到IMSBC code中关于铝矾土部分的描述为准。

(2) 或该类货物申明为A类货物[cargoes that may liquefy(可能流态化)],托运人、货主必须申明其含水量及未达到运输水分极限(TML)。

(3) 或经有关权威明确评估该批次货确实不具有A类货物所具备的特性。

(资料来源:爱船网)

船舶稳性指船舶受外力作用离开平衡位置而倾斜,当外力消除后能自行回复到原平衡位置的能力。船舶稳性是否适度直接关系到船舶航行安全以及适航性的好坏,因此在船舶积载时应满足船舶稳性的要求,保证船舶具有适度的稳性。

船舶稳性按船舶的倾斜方向,分为横稳性和纵稳性;按所受外力性质,分为静稳性和动稳性;按倾斜角的大小,分为小倾角稳性(即初稳性)和大倾角稳性;按船舱破损与否,分为完整稳性和破舱稳性。本部分仅限于讨论船舶完整稳性中的横稳性(以下简称稳性)。船舶复原力矩示意见图 8-1。

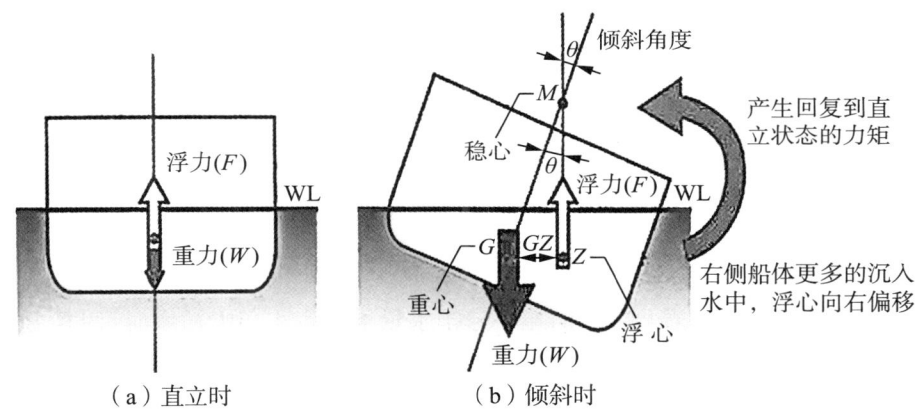

图 8-1 船舶复原力矩示意

图 8-1(b)中:G 为船舶重心,船舶(包括货物)重力作用的中心;F 为船舶浮心,船舶浮力作用的中心;M 为船舶稳心,船舶正浮时浮力作用线和倾斜后浮力作用线的交点。

如果船舶回复能力过大则会产生剧烈的横摇,不仅能造成船体、主机等的损伤以及降低航速,还可能引起所装货物移动,产生更大的危险;如果船舶回复能力过小,船舶一旦倾斜后回复到原平衡位置的能力较差,横摇迟缓,船上人员虽觉得较前者舒适,但船舶不能很快回复到原来的平衡位置,船舶在海上航行遇到大风浪时发生倾覆的危险大大增加。由此可见:衡量船舶稳性是否合适,主要看其回复能力的大小是否适当。船舶回复能力是船舶摇晃时产生的一个与倾斜方向相反的回复力矩,所以回复能力的大小是由回复力矩的大小来决定的,即船舶稳性合适与否取决于回复力矩的大小。由图 8-1 可知,船舶回复力矩 M_R 的表达式为

$$M_R = 9.81D \cdot L_{GZ}$$

式中：D 为船舶排水量,即船舶在水中所排开水的质量,t;L_{GZ} 为回复力臂,是重心至倾斜后浮力作用线的垂直距离,m。

又因船舶在小角度(一般为 15°以内)范围内横倾时,横稳心 M 点,位置固定不变。从图 8-1 中可见,稳心高度 h_{GM} 与回复力臂 L_{GZ} 有一定关联,由 G、M、Z 所构成的直角三角形有如下关系式：

$$\sin\theta = \frac{L_{GZ}}{h_{GM}}, L_{GZ} = h_{GM}\sin\theta$$

式中：θ 为横倾角,°;h_{GM} 为初稳心高度,即船舶重心 G 至横稳心 M 的高度,m。

因此,小角度倾斜时回复力矩又可表示为

$$M_R = 9.81D \cdot h_{GM}\sin\theta \qquad (8-1)$$

由式(8-1)可以看出：船舶在一定排水量下发生小角度横倾时,回复力矩的大小与初稳心的高度成正比,即初稳心高度 h_{GM} 值的大小可以标志着回复力矩的大小,其成为衡量船舶稳性的主要指标。因此,要使船舶具有适度的稳性问题就被简化为船舶应有多大的初稳心高度 h_{GM} 值的问题了。

初稳心高度 h_{GM} 值的大小和正负的不同,使船舶呈现各种平衡状态,决定了船舶稳性是否适度。

如果初稳心高度 h_{GM} 值过大,则回复力矩 M_R 值也过大,船舶回复能力过强,稳性过大,其适航性差,船舶可能会产生急剧横摇带来严重后果。

如果初稳心高度 h_{GM} 值过小,则回复力矩 M_R 值也过小,船舶的回复能力差,稳性不好,船舶遇风浪就有倾覆的危险。

如果初稳心高度 h_{GM} 值为负值,则产生倾覆力 c,此时船舶不仅无回复能力,反而会更加倾斜,船舶稳性极坏(失去了稳性),造成翻船。

如果初稳心高度 h_{GM} 值为 0,则回复力矩 M_R 值等于 0,船舶无回复能力,稳

性也坏,船舶再次遇到风浪也有翻船的危险。

如果船舶具有合适的初稳心高度 h_{GM} 值,则回复力矩 M_R 值的大小也就适当,船就有足够的、合适的回复能力,此时不仅船舶稳性良好(适度),而且其适航性也好。经验认为,满载时最好的 h_{GM} 值为船宽的4%~5%。

船舶稳性合适与否,除与船体几何形状有关外,还与货物垂向(上下)分布情况有关。船的稳性在建造设计时已充分考虑,积载时调整稳性使之合适,主要是调整货物的垂向分布,以得到整船合适的稳心高度。

【思考训练】

1. 将班级同学分成若干学习小组,每组完成稳性基本概念的整理。
2. 分组讲解船舶稳性的原理。

【思考训练注意事项】

1. 教师安排讨论内容,要求各小组分工明确。
2. 活动分工:各学习团队由队长组织协商,分派工作。
3. 活动开展:学习团队可以利用各种资源进行资料查询。
4. 总结:讨论后,各团队进行资料汇总,并加以整理,以PPT形式制作演示文稿。

【评价标准】

团队名称		团队负责人	
团队分工			
考评标准	内容	分值/分	实际得分/分
	小组分工是否明确	10	
	收集资料是否详细准确	20	
	团队协作水平	10	
	讲解水平	40	
	演示文稿制作能力	20	
	合计	100	

任务二 初稳心高度的计算

【资料卡】

船舶的浮心

船舶浮心(Center of Buoyancy)是浮力的等效作用点,指船舶水下部分体积的形心。当船舶进入水中时,由于与水的上下接触面受到水的压强不等,上小下大,故产生压强差,进而船舶会受到水竖直向上的压力,即受到水的浮力。依据阿基米德定律,可得出船舶所受浮力的大小为船舶排开那部分水所受到的重力。浮心的位置,就是那部分被排开水的重心的位置,如果被排开水的几何形状是规则的,那么浮心就在被排开水原先的几何中心。

浮心和重心是两码事,浮心可以与船舶的重心相重合,也可以高于或低于船舶重心的位置。重心可以看作重力的作用点。浮心也可以看作是浮力作用点,正如船舶各个部分都受到重力,但可以认为总的重力是作用在重心这个点上一样。当船舶方位在铅直面内发生偏转时,其水下部分的体积虽保持不变,但其形状却发生变化,因而浮心的位置也相应地移动。浮心和重心的相对位置对于判断船舶是否为稳定平衡有重要意义。

在造船工业中,工程师常常在船底大规模地安放密度大的铁质材料,以保证船体的重心降低,使重心低于稳心,从而保证船舶在受到外载荷的情况下有足够的稳性。

一、初稳心高度计算

初稳性是船舶稳性在小角度(微倾扩大至 10°~15°)横倾的前提下的一个特例。初稳性之所以有其特殊性,是因为船舶在小倾角横倾时,具有将稳性问题简化的条件。

图 8-2 为船舶稳心、重心、浮心示意。图中:K 代表船底龙骨基线;M 代表稳心;G 代表重心;C 代表浮心。因此,h_{GM} 是稳心 M 和重心 G 对于船底龙骨基

线 K 的高度差,有

$$h_{GM} = h_{KM} - h_{KG}$$

式中:h_{KM} 为稳心距基线高度,m;h_{KG} 为重心距基线高度,即船舶垂向重心高度,m。

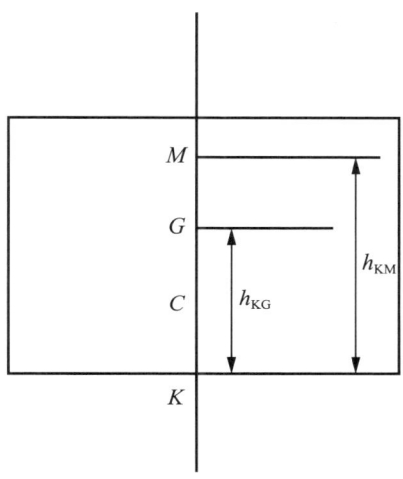

图 8-2 船舶稳心、重心、浮心示意

1. 稳心距基线的高度 h_{KM} 值求法

h_{KM} 值是随着船舶吃水不同而变化,可在船舶静水力曲线图中的横稳心距基线高度曲线中查取,如果曲线图没有,可通过以下经验公式进行计算:

$$h_{KM} = h_{KC} + r_{CM}$$

$$h_{KC} = 0.54T$$

$$r_{CM} = 0.08 \frac{B^2}{T}$$

式中:h_{KC} 为浮心至基线距离,m;r_{CM} 为横稳心半径,m;0.54、0.08 为系数;T 为平均吃水,m;B 为船宽,m。

2. 重心距基线高度 h_{KG} 值求法

船舶垂向重心高度 h_{KG} 值可根据多物体求重心方法求得。

求多物体的组合重心,需要利用平行力系中心坐标轴,即利用坐标轴的力矩原理来求多物体组合重心。其原理是合力对某轴的力矩等于各分力对该轴力矩的代数和,即合力矩等于分力矩之和。

图 8-3 为组合体重心示意,以此图为例介绍如何求两物体组合后的重心位置。先求出甲、乙两物体各自的重心 G_1、G_2;设甲、乙物重心距基线 x 轴的距离各为 a、b,两物体重量各为 P_1、P_2,则各物体的重量与重心距 x 轴垂直距离的乘积,即为各物体对该轴的力矩。计算过程如下:

$$P = P_1 + P_2$$
$$P \cdot h_{KG} = P_1 \cdot h_{KG1} + P_2 \cdot h_{KG2} \qquad (8-2)$$
$$h_{KG} = \frac{P_1 \cdot h_{KG1} + P_2 \cdot h_{KG2}}{P} = \frac{P_1 \cdot a + P_2 \cdot b}{P}$$

h_{KG} 即为两物体组合重心 G 距基线 x 轴的垂直距高;G 点即为甲、乙两物体组合重心位置。

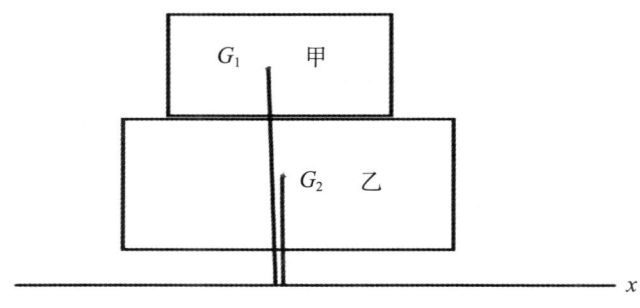

图 8-3 组合体重心

例 8-1:甲物体重 $P_1 = (400 \times 9.81)$ kN、乙物体重 $P_2 = (300 \times 9.81)$ kN,甲物体距基线距离 $a = 6$ m,乙物体距基线距离 $b = 4$ m,求两物体的组合重心高度。

解:组合物体总重量为

$$P = P_1 + P_2 = (400 \times 9.81) \text{ kN} + (300 \times 9.81) \text{ kN} = (700 \times 9.81) \text{ kN}$$

根据式(8-2)可知

$$(700\times9.81)\text{ kN}\times h_{KG}=(400\times9.81)\text{ kN}\times6\text{ m}+(300\times9.81)\text{ kN}\times4\text{ m}$$

解得

$$h_{KG}=\frac{(400\times9.81)\text{ kN}\times6\text{ m}+(300\times9.81)\text{ kN}\times4\text{ m}}{(700\times9.81)\text{ kN}}=5.14\text{ m}$$

即甲、乙两物体组合重心高度为 5.14 m。

将上述甲、乙两物体互换位置,再按相同方法计算重心高度,结果为

$$h_{KG}=\frac{(300\times9.81)\text{ kN}\times6\text{ m}+(400\times9.81)\text{ kN}\times4\text{ m}}{(700\times9.81)\text{ kN}}=4.86\text{ m}$$

这表明货物重心下移,组合重心相应降低。由此可见,船舶垂向重心高度 h_{KG} 值同样可用总力矩等于分力矩之和的原理计算,即船舶装载后总重量(即合力 D)及其重心高度 h_{KG} 的总力矩,应该等于各部分重量(即分力 D_0、P_1、P_2……P_n)及其重心高度(h_{KG_0}、h_{KG_1}、h_{KG_2}……KG_n)的力矩的总和。组合重心的计算过程如下:

$$总力矩=D\cdot h_{KG}$$

$$D=D_0+P_1+P_2……+P_n$$

$$分力矩之和=D_0\cdot h_{KG_0}+P_1\cdot h_{KG_1}+P_2\cdot h_{KG_2}+\cdots+P_n\cdot h_{KG_n}$$

由总力矩=分力矩之和,可推导出

$$h_{KG}=\frac{D_0\cdot h_{KG_0}+P_1\cdot h_{KG_1}+P_2\cdot h_{KG_2}+\cdots+P_n\cdot h_{KG_n}}{D} \quad (8-3)$$

式中:D 为总重量,kN;D_0 为空船重量,kN;P_1、P_2……P_n 为各批货载及燃油、淡水等的重量,kN;h_{KG_0} 为空船的重心高度,m;h_{KG_0}、h_{KG_1}、h_{KG_2}……h_{KG_n} 为各批货载及燃油、淡水等的重心高度,m。

例 8-2:某轮第五航次由上海到大连,装 A、B、C 三种货物,求装载后的初稳心高度 h_{GM} 值。

从船舶资料中查知:空船重量 D_0 为(2 700×9.81) kN,空船的重心高度 h_{KG_0} 为 6.7 m。各舱室重量、重心情况见表 8-1。

表 8-1 某轮各舱室的质量、重心情况

舱名	重量 D_n/(9.81 kN)	重心距龙骨距离 h_{KG_n}/m	力矩/(9.81 kN·m)
空船	2 700	6.70	18 090
1 舱甲板	30	10.00	300
1 舱	938	5.70	5 347
2 舱甲板	33	10.00	330
2 舱	1 746	5.70	9 952
3 舱甲板	85	10.00	850
3 舱	1 587	6.25	9 919
4 舱甲板	31	10.00	310
4 舱	754	6.50	4 901
燃料舱	380	5.50	2 090
淡水舱	280	0.50	140
压载水	340	0.50	170
尖舱	130	6.10	793
深水舱	175	2.60	455
艉尖舱	100	7.00	700
常数	100	5.00	500
总计	9 409		54 847

解：从表 8-1 可知总排水量 $D=(9\,409\times9.81)$ kN。根据式(8-3)有

$$h_{KG}=\frac{D_0\cdot h_{KG_0}+P_1\cdot h_{KG_1}+P_2\cdot h_{KG_2}+\cdots\cdots+P_n\cdot h_{KG_n}}{D}=\frac{(54\,847\times9.81)\text{ kN}\cdot\text{m}}{(9\,409\times9.81)\text{ kN}}=5.8\text{ m}$$

根据货后的排水量、总载质量，查载重表得船平均吃水为 7.11 m。再依据平均吃水，从静水力曲线图上的横稳心曲线查 $h_{KM}=6.7$ m。

计算出初稳心高度

$$h_{GM}=h_{KM}-h_{KG}=6.7\text{ m}-5.8\text{ m}=0.9\text{ m}$$

该轮第五航次，装载货物后稳心高度为 0.9 m，能满足船舶稳心高度的

要求。

从例 8-2 的计算中可见，计算船舶的稳心高度时，需要求出船舶的垂向重心高度。船舶的重心高度又是以船舶各部分质量的重心高度作基础来计算的。

在船舶总重量的组成部分中，空船重量及其重心高度由船舶资料提供。船用备品、船舶常数及船员、行李等重量及其重心高度可经测定获得或根据经验确定。各货舱和液体舱柜的货物重量 P_n 可根据具体航次的装载计划确定，而相应的重心高度 h_{KG_1}、h_{KG_2}……h_{KG_n} 的确定通常由以下几种方法（集装箱除外）。

1）估算法

估算法适用于确定货舱内杂货的合重心垂向位置。估算过程是先将同一货舱内货位相邻、数量较少或积载因数相近的货物归并成若干堆，并将每堆货物视为匀质货物。随后分别确定舱内第 j 堆货物的质量 P_j 并估算其重心距基线高度 h_{KG_j}。最后按式（8-3）计算该舱货物的合重心距基线高度 h_{KG}，或者根据货物在该舱堆高来确定货堆重心距内底高度：中部货舱可取堆高的 50%，尾部货舱可取堆高的 54%~58%。

2）利用舱容曲线图或舱容数据表

在船舶任何一个特定的货舱或液舱内，因货舱形状是固定不变的，若舱内货物表面平整，则货物所占的舱容、货物表面距基线的高度和货物所占舱容的中心距基线的高度 3 者之的关系就可以确定。这一关系有时在船资料中以舱容曲线图或舱容数据表的形式提供。图 8-4 为某轮 No.2 货舱的舱容曲线。其纵坐标为货堆表面距基线的高度，下部横坐标为货物所占舱容，上部横坐标为相应的舱容中心距基线的高度。图中：舱容曲线反映货物表面与货物所占舱容之间的关系，舱容中心高度曲线反映货物所占舱容中心距基线的高度与货物表面高度之间的关系。

当货舱或液舱内装载表面平整的匀质杂货、经平舱后的匀质干散货或液体货物时，利用舱容曲线图或舱容数据表可方便地根据货物所占舱容或液体表面高度查取货物重心距基线的高度。

利用舱容曲线图表确定舱内货物的合重心高度，在各层货物表面平整的前提下，其计算精度较高。但当舱内货物种类较多时，其手算工作量很大。

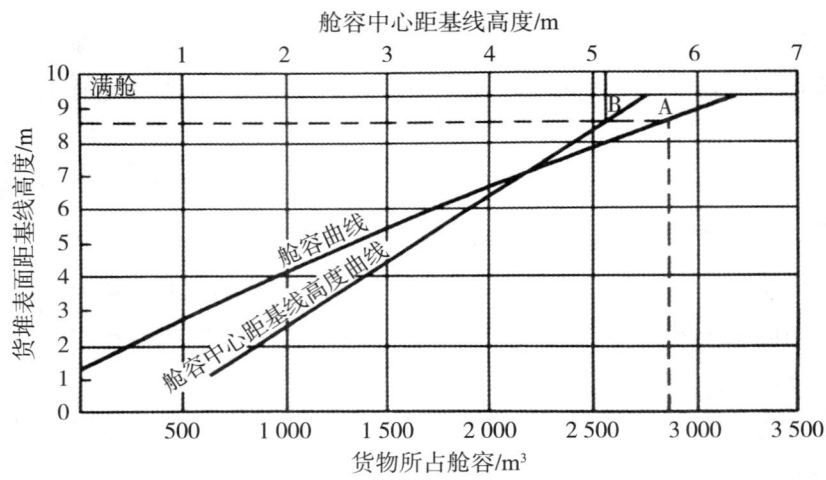

图 8-4 某轮 No.2 货舱的舱容曲线

3）取舱容中心高度为舱内货物的组合重心高度

各货舱及液舱的舱容中心距基线的高度是最基本的船舶资料之一。取舱容中心高度作为舱内货物重心高度是最方便的。显然，在舱内货物未满舱或舱内货物密度不均时，这种方法产生的误差是较大的。但舱柜的容积中心，一般都高于舱内货物的实际合重心高度。用舱容中心高度取代舱内货物实际合重心高度所计算得到的船舶初稳心高度，要比船舶实际的初稳心高度小。或者说，初稳心高度的实际值比计算值大，偏于安全。因此，使用这一方法是安全的，产生的误差也是可以接受的。

二、影响船舶稳性的因素

1. 自由液面对初稳心高度的影响

除了固体货物之外，船上还存在着大量的燃油、淡水、压载水等液体货物。由于液体具有流动性，舱内未装满的液体，或称具有自由液面的液体，在船舶横倾的过程中会自动向倾斜的一侧流动，使其重心向船舶倾斜的方向移动。液体重心移动所产生的力矩称自由液面倾侧力矩。它将部分抵消复原力矩，从而降低船舶的初稳心高度。

设经自由液面修正后的船舶初稳心高度为 h_{GM_0}，自由液面对初稳心高度的

修正值为 δh_{GM_f}，则

$$h_{GM_1} = h_{GM_0} - \delta h_{GM_f} = h_{KM} - h_{KG} - \delta h_{KM_f}$$

式中：δh_{KM_f} 是稳心高度减小值，其计算式为

$$\delta h_{KM_f} = \frac{\rho l b^3}{12 D} \qquad (8-4)$$

式中：l 为油舱的长度，m；b 为油舱的宽度，m；ρ 为所载液体（油水）的密度，kg/m³；D 为装载后总排水量，t。

从式(8-4)中可以看出自由液面惯性矩与液舱宽度的三次方成正比。不难证明，若将矩形液舱横向分成 n 等份，自由液面惯性矩将减少到原来的 $1/n^2$。因此，油船等液体货船，液货舱横向尺度较大，通常在液货舱内设置 2~3 道纵向隔壁，以降低其宽度，进而减少自由液面对船舶稳性的影响。

例 8-3：某轮有一淡水柜，长 10 m，宽 6 m，航行数日，消耗了部分淡水，而产生自液面，当时船舶总排水量为 8 000 t，原来初稳心高度 $h_{GM_0} = 1.00$ m，问自由液面产生后，新的初稳心高度 h_{GM_1} 值为多少？

解：稳心高度减小值为

$$\delta h_{KM_f} = \frac{\rho l b^3}{12 D} = \frac{1\ \text{t/m}^3 \times 10\ \text{m} \times (6\ \text{m})^3}{12 \times 8\ 000\ \text{t}} = 0.02\ \text{m}$$

则产生自由液面后，新的初稳心高度

$$h_{GM_1} = 1.00\ \text{m} - 0.02\ \text{m} = 0.98\ \text{m}$$

2. 排水量的变化对稳性的影响

船舶离港后经过一段时间航行，燃料、淡水和供应品等的消耗会引起排水量的变化，但这种减少对整个排水量来是属于小量的，单就数量变化而言，对稳性不会有很大的影响。但这些燃料、淡水和供应品等的消耗，不仅会减少船舶排水量，重要的是它还使船体重心位置发生变化。这是由于燃料、淡水等的重量一般都处在船舶较低的位置，随着燃料、淡水等的消耗，船舶重心显著升高，从而导致 h_{GM} 值减小，影响稳性。

3. 甲板货物吸水对稳性的影响

甲板货物吸收雨水或海水后重量增加,因其位置较高导致重心升高明显,从而减小 h_{GM} 值,影响船舶稳性,如在甲板上装运干木材(吸水量可达 10%~20%)。当装运木材船舶的稳性不够好时,对木材吸收水分影响稳性的问题要特别警惕,但若装运的木材是湿材,往往在航行中木材能蒸发出一部分水分而使重量减轻,对这稳性有好处。为了保证船舶全航程始终有良好的稳性,必须多方面考虑各种因素对船舶稳性的影响,根据航线、船舶、载货等具体情况,在积载工作过程中给予适当的处理。

【思考训练】

1. 将班级同学分成若干学习小组,每组完成船舶重心计算任务。
2. 收集因稳性不足引发的事故案例。

【思考训练注意事项】

1. 教师安排讨论内容,要求各小组分工明确。
2. 活动分工:各学习团队由队长组织协商,分派工作。
3. 活动开展:学习团队可以利用各种资源进行资料查询。
4. 总结:讨论后,各团队进行资料汇总,并加以整理。

【评价标准】

团队名称				
团队分工			团队负责人	
考评标准		内容	分值/分	实际得分/分
		小组分工是否明确	10	
		收集资料是否详细准确	20	
		团队协作水平	10	
		重心调整的计算能力	40	
		资料收集能力	20	
		合计	100	

任务三 初稳心高度的调整

【资料卡】

《船舶与海上设施法定检验规则》对船舶稳性的要求

为保证船舶的营运安全,各航海国家的主管机关都以法规形式对与船舶稳性有关的各项指标做出强制性的规定,以便对船舶的设计、建造和使用中的有关问题进行约束。同时,IMO 对船舶稳性也提出了相应的衡准要求。

1. 我国《法定规则》对国内航行海船的完整稳性的基本要求

《法定规则》规定,经自由液面修正后,船舶稳性在所核算装载状况下必须同时满足以下四项基本衡准要求:

(1) 初稳心高度应不小于 0.15 m。

(2) 横倾角为 30°处的复原力臂值 $L_{GZ}|\theta=30°$,应不小于 0.20 m,如船体进水角 θ_f 小于 30°,则进水角 θ_f 处的复原力臂应不小于 0.20 m。

(3) 最大复原力臂对应的横倾角 θ_{Smax} 应不小于 25°,且进水角应不小于 θ_{Smax}。

(4) 稳性衡准数 K 应不小于 1。

当船舶的宽深比 B/D 大于 2 时,以上对 θ_{Smax} 的要求可降低 $\delta\theta$,其计算公式是

$$\delta\theta = 20\left(\frac{B}{D} - 2\right)(K - 1)$$

式中: D 为船舶型深,m;B 为船舶型宽,m,当 $B/D>2.5$ 时,取 $B/D=2.5$;K 为稳性衡准数,当 $K>1.5$ 时,取 $K=1.5$。

2. 我国《法定规则》对国际航行船舶完整稳性的基本要求

我国现行《法定规则》(适合于国际航行船舶)规定,除军舰、运兵船、非机动船、木质船、非营运的游艇、渔船和长度小于 20 m 的排水型船舶之外的国际航行

的海船,其完整稳性应符合《IMO 完整稳性规则》的规定。

《IMO 完整稳性规则》规定,船舶各装载状态下经自由液面修正后的完整稳性应同时满足以下要求:

(1) 初稳心高度不小于 0.15 m。

(2) 复原力臂曲线下的面积从 0°~30°,应不小于 0.055 m·rad。

(3) 复原力臂曲线下的面积从 0°~40°或进水角两者中较小者,应不小于 0.090 m·rad。

(4) 复原力臂曲线下的面积从 30°~40°或进水角两者中较小者,应不小于 0.030 m·rad。

(5) 横倾角大于或等于 30°处的复原力臂应不小于 0.20 m。

(6) 最大复原力臂对应角(极限静倾角)应不小于 25°。

(7) 满足天气衡准要求(仅适合于船长大于或等于 24 m 的船舶)。

(资料来源:《船舶与海上设施法定检验规则》)

一、初稳心高度调整

《法定规则》和《IMO 完整稳性规则》从保证船舶安全出发,对船舶稳性的最低要求做出了强制规定。对于特定船舶,当船舶资料中有按规则要求计算的最小许用初稳心高度图表时,规则的要求最终表现为对船舶经自由液面修正后的初稳心高度的要求。为此,必须对具体航次的每个装载状态经自由液面修正后的初稳心高度进行计算,并参照 h_{GM} 值上、下限范围进行比较判断。若比较结果符合要求,则校核通过。否则,就必须对积载计划或实际装载状态进行调整,最终既使船舶稳性满足要求,同时又使船舶满足横摇周期的要求。调整的方法有垂向移动货物和增、减载荷两种。

在确定稳性调整计划之前,必须通过计算切实掌握调整前经自由液面修正后的初稳心高度 h_{GM_1}。同时,在所要求初稳心高度的上、下限之间选取一个适当的数值作为调整后初稳心高度的要求值 h_{GM_2}。这样,初稳心高度的调整值为

$$\delta h_{GM} = h_{GM_2} - h_{GM_1}$$

调整初稳心高度的方法通常有以下两种,以适应船舶不同的装载情况。

1. 垂向移动载荷

当调整前船舶已处于满载状态,不能再加载任何重量时,只能采取垂向移动载荷的方法调整初稳心高度。另外,如果被调整的积载计划还未实施装货,也可用此方法对积载计划进行调整。因船舶排水量保持不变,初稳心高度的变化完全由船舶重心高度的变化所引起。图8-5为载荷调整对稳性的影响示意,根据重量移动原理可得

$$\delta h_{GM} = \frac{P \cdot Z}{D}$$

式中:P 为垂向移动载荷的重量,t;Z 为载荷重心移动的垂向距离,m,上移为负,下移为正;D 为船舶排水量,t。

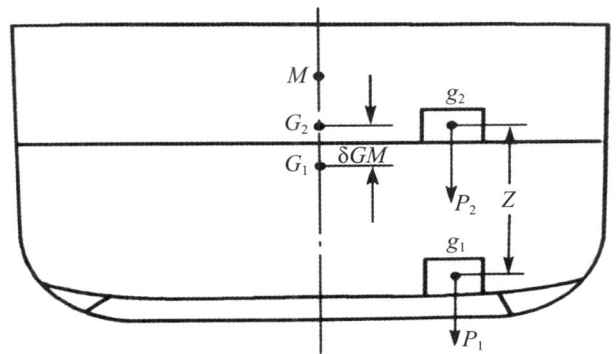

图8-5 载荷调整对稳性的影响示意

例8-4:某轮计划积载后总排水量为6 000 t,计算初稳心高度为1.3 m,认为偏大,要求降至1.0 m,则应从底舱向二层舱移动货物,移动距离为5.0 m,试问应移动货物多少吨?

解:初稳心高度的修正值为

$$\delta h_{GM} = 1.3 \text{ m} - 1.0 \text{ m} = 0.3 \text{ m}$$

由已知条件 $Z=5$ m,$D=6\ 000$ t,可得

$$P = \frac{D \cdot \delta h_{GM}}{Z} = \frac{6\ 000\ \text{t} \times 0.3\ \text{m}}{5\ \text{m}} = 360\ \text{t}$$

该轮应从底舱向上移动 360 t 货物,才能使 h_{GM} 降至 1.0 m。

例 8-5：某船计划积载后的总排水量为 14 000 t,计算初稳心高度 h_{GM} 为 1.1 m,后因计划有所变动,将原计划装在底层舱的 200 t 货调至二层舱(底舱至二层舱距离为 7 m),试计算移动货后的初稳心高度?

解：已知 $D=14\ 000$ t,$h_{GM}=1.1$ m,$P=200$ t,$Z=7$ m,求出初稳心高度的修正值

$$\delta h_{GM} = \frac{P \cdot Z}{D} = \frac{7\ \text{m} \times 200\ \text{t}}{14\ 000\ \text{t}} = 0.1\ \text{m}$$

则有

$$h_{GM_1} = h_{GM} - \delta h_{GM} = 1.1\ \text{m} - 0.1\ \text{m} = 1.0\ \text{m}$$

该船因计划变更移货后的初稳心高度为 1.0 m。

2. 选择合适的舱位加、减少量载荷

当发现船舶稳性不符合要求且积载计划已被付诸实施,同时船舶未满载,允许加载少量载荷;或者船上有压载水可以利用时,可用加、减少量载荷的方法调整初稳心高度。以调整压载水为例,若船舶稳性不足,应向船舶底部的压载水舱内打入压载水;若稳性过大,则可从船舶底部的压载水舱向外排放压载水。如果加、减载荷的质量较小,则可忽略因加、减载荷所引起的横稳心高度的变化。在此情况下,少量载荷变动对初稳心高度影响的计算公式为

$$\delta h_{GM} = \frac{P \cdot Z}{D \pm P}$$

式中：δh_{GM} 为初稳心高度的调整值,m;P 为增减货物或压载水的质量,t,增加取正值,减少取负值;Z 为增减货物或压载水的重心至船舶重心间的距离,m;D 为

排水量,t。

凡在船舶重心点以下：加载，δh_{GM} 为正值，使 h_{GM} 增加；减载，δh_{GM} 为负值，使 h_{GM} 减小。凡在船舶重心点以上：加载，δh_{GM} 为负值，使 h_{GM} 减小；减载 δh_{GM} 为正值，使 h_{GM} 增加。

例 8-6：某轮 $D=8\,000$ t，$h_{GM}=1.2$ m，航行后消耗燃油 60 t，其重心距船原重心 3 m，试求新的初稳心高度。

解：求出初稳心高度的修正值

$$\delta h_{GM} = \frac{P \cdot Z}{D} = \frac{60 \text{ t} \times 3 \text{ m}}{8\,000 \text{ t} - 60 \text{ t}} = 0.023 \text{ m}$$

由于消耗燃油的重心在原重心以下，则 δh_{GM} 为负值，使 h_{GM} 减小，新的初稳心高度

$$h_{GM_1} = 1.2 \text{ m} - 0.023 \text{ m} = 1.177 \text{ m}$$

通常增、减载荷调整船舶稳性主要利用压载水，如果是通过打压载水来解决船舶稳性不足的问题，应尽可能将该压载水舱打满，减少自由液面对船舶稳性的不利影响。现介绍几种利用压载水调整稳性的情况。

(1) 当校验 h_{GM} 值时，发现船舶重心位置过高，在未满载的情况下，可以利用打进压载水以降低整船重心。

(2) 由于航行途中大量消耗燃油、淡水，会使船舶重心提高，或同时又航行在寒冷地区，舱面甲板凝结冰层或积雪，就会使船舶重心有更多的提高，在这种情况下应及时打进压载水以作调整。

(3) 在中途港卸下部分货载后，往往使船舶重心降低（因便于中途卸载，通常将这类货载置于上层舱室），为了使启航时及中途港卸载后都能有较适的 h_{GM} 值，可以在启航时事先打进适量的压载水，这部分压载水在中途港卸载的同时排出，可使船舶重心提高，以克服卸载后重心降低的不利影响；当中途卸载后，整船重心升高，此时可以打进压载水作调整；当中途卸载后的影响与燃油、淡水消耗的影响基本抵消时，就不必作压载水调整。

(4) 当有几个中途港，且在这些港口既卸载又装载，有时由于所卸和所装的

货积载因数相差较大,且舱位安排机动性较小,结果可能会造成稳性不合格的局面,这时可以利用压载水做调整。

二、判断与保证船舶稳性的经验方法

1. 船舶稳性的判断

船舶稳性的衡准计算依赖于对船舶装载状态全面和准确的掌握。然而在实际工作中船员对装载状态掌握的及时性和准确性往往受到限制。例如:装货清单或航次订舱单所声明的货物的质量、体积或集装箱的质量与实际不符;船舶在航行中发生海上事故,造成破舱进水,而进水质量无法准确判断。在此情况下,船舶驾驶员应该运用自己的经验,根据船舶的某些运动特征,及时地判断和掌握船舶的稳性状况。其方法有如下几种。

1) 测定横摇周期推算初稳心高度

船舶在风浪中航行时,不断受到海浪的冲击。在多数情况下,海浪可以看成许多不同波长、不同波幅、不同方向规则波的随机叠加。在小摆幅横摇的前提下,船体运动对波浪的响应,也可以看成是不同摆幅、不同周期横摇的随机叠加。由于舷外水和空气的阻尼力矩作用,凡是周期与船舶横摇周期不同的横摇将很快衰减;而周期与船舶横摇周期相同的横摇,则因发生谐振而得到维持。因此,在复杂的海况中,船舶所表现的横摇周期与在静水中无阻尼的自由横摇周期(即自摇周期 T)非常接近。不难根据测量得到的船舶横摇周期推算未经自由液面修正的初稳心高度 h_{GM}。此外,许多船舶的稳性报告书中也提供了横摇周期 T 与 h_{GM} 的关系曲线图或数据表。这类资料使用方便,计算精度较高。

应当注意的是,船舶在波长与周期比较规则的涌浪的横向冲击下所表现出的横摇,其周期与涌浪的周期相等,而与初稳心高度无关。因此,应避免根据在周期性的横浪冲击下测得的横摇周期计算初稳心高度。

2) 测定船舶静倾角推算初稳心高度

船舶在停泊时,可以采用沿横向移动船上载荷的方法人为地使船舶产生横倾角,然后根据测量得到的横倾角来推算船舶的初稳心高度。

3）船舶稳性不足的征兆

船舶初稳性不足的特征：船舶受到较小外力矩的作用就发生明显的横倾，且横摇过程很缓慢。由此，当船舶在航行中出现以下情况时，即可断定其初稳性不足：受较小横风时就发生明显的倾侧，而且横摇缓慢，待风停止后才缓缓回复；操舵转向时船体发生明显倾侧；从一舷的舱柜中使用油水时，船体很快倾向另一侧；拖轮在一侧顶推、拖带时，船体明显倾侧等。此外，船舶在出港时若因重心偏离中线面而出现横倾角，则可能因船舶的稳性范围降低造成稳性不足。

2. **保证船舶稳性的经验积载方法**

不同的船舶在不同的排水量下如何确定货物重量的垂向分布以控制合理的初稳心高度，需要借助长期积累的实践经验。这些经验一旦形成，就会对排水量相同或相近的情况下确定货物重量的垂向分布具有指导作用。例如，对于具有两层舱的万吨级杂货船，在接近满载时，二层的装货重量应占全船装货总重量的35%左右，底层的装货重量则应占65%左右。若需装载甲板货，则甲板货的重量不应超过10%，此时非底层装货重量为25%，底层仍占65%。甲板货的堆装高度一般不得超过船宽的$1/6 \sim 1/5$。

【思考训练】

1. 将班级同学分成若干学习小组，每组完成简单的稳性调整方案，并讨论优化。

2. 收集船舶保证稳性的经验做法。

【思考训练注意事项】

1. 教师安排讨论内容，要求各小组分工明确。

2. 活动分工：各学习团队由队长组织协商，分派工作。

3. 活动开展：学习团队可以利用各种资源进行资料查询。

4. 总结：讨论后，各团队进行资料汇总，并加以整理，以 PPT 形式制作演示文稿。

【评价标准】

团队名称			团队负责人	
团队分工				
考评标准	内容	分值/分	实际得分/分	
	小组分工是否明确	10		
	收集资料是否详细准确	20		
	团队协作水平	10		
	配载计算能力	40		
	资料收集能力	20		
	合计	100		

项目九 确保船舶具有适当的吃水差

内容简介

船舶当其重力作用线与正浮时的浮力作用线不在同一条垂直线上时,产生的纵倾力矩使船舶纵倾,就会产生吃水差。吃水差与船的快速性、操纵性等航海性能密切相关。为使船的具有良好的航海性能,船舶驾驶员必须对船上载荷重量沿纵向的分布进行控制,以保证船舶具有适当的吃水差。

学习目标

1. 知识目标
(1) 掌握船舶吃水差的基本概念。
(2) 熟悉船舶对船舶吃水差的要求。
2. 技能目标
(1) 能够独立查找资料,并进行资料整理、汇总。
(2) 能够完成基础的文件整理、汇总工作。
(3) 能够掌握保证船舶有适当吃水差的基本方法。

任务一　吃水差的要求

【资料卡】

船舶吃水差过大引发的装卸事故

2021年6月30日22：30左右，A轮靠妥北仑港区某集装箱码头，艏、艉吃水分别为2.1 m、6.9 m。作业开始时码头安排1台桥吊在驾驶台前位置的30贝位进行装箱作业，7月1日02：00左右，增加至3台桥吊。04：21左右，8#桥吊操作员董某对A轮10贝位舱内进行装船作业，该作业指挥手在海侧指挥，在装完11贝位的20英尺箱后开始装第一个10贝位的40英尺箱，当时船舶纵倾较大（船首朝东，前后吃水差约5 m），吊箱到舱口上方停顿后，以1档速度慢速进夹槽，在下降到一个箱高时，吊具西头被搁住，东头受惯性继续下降，指挥手紧急叫停作业，最后，吊具东头已卡入夹槽。后续经协商，船方通过电气焊切割夹槽的方式，最终使集装箱妥善入舱。

事故原因分析：

（1）A轮空载靠泊，前后吃水差为4.8 m，不合理的靠泊吃水差给码头船舶装卸货操作埋下了安全隐患。

（2）码头未合理安排桥吊进行装载作业。A轮靠泊后，先是安排桥吊在30贝位作业，约3 h后又安排另外两台桥吊在船中前部作业。装箱作业顺序不合理导致前后吃水差最严重时达到了6 m左右，进而使导槽的投影发生变形，提高了装卸作业难度。

（3）A轮多处夹槽变形且破损严重，导致集装箱在沿夹槽下滑时被破损处卡住。经查，夹槽变形缺陷已分别于2018年底及2019年上报至公司申请解决，但迟迟未得到岸基支持开展有效养护。

（4）码头现场指导员对船舶纵倾重视不够。船舶控制中心以及现场指导员对已发生的船舶纵倾事实未予以足够的重视，未根据实际情况，与船方进行有效沟通,优化作业顺序,保持有效监控,采取切实有效的措施来杜绝事故的发生。

(资料来源:宁波海事)

一、吃水差的概念

吃水差是艏吃水 d_F 与艉吃水 d_A 的差值,用符号 $t(m)$ 表示,即

$$t = d_F - d_A$$

艏吃水大于艉吃水,即吃水差为正,称为艏倾(Trim by Head),俗称拱头;艉吃水大于艏吃水,即吃水差为负,称为艉倾(Trim by Stern),俗称艉沉;艏吃水等于艉吃水,即吃水差为 0,称为平吃水(Even Keel)。

二、吃水差对船舶航海性能的影响

吃水差主要影响船舶的操纵性、快速性和耐波性。对于船舶稳性、船体纵向受力状况、通过浅水区时允许的船舶最大排水量以及部分港口使用费的支出等也有影响。

一般货船在艏倾时,若处于空载特别是艉吃水较小的状态时,因船舶推进器和舵的入水深度减小,在船舶剧烈纵摇时易于露出水面,影响船舶的推进效率和舵效,还会出现打空车现象,对船体和机器会造成一定程度的损伤。船舶在艏倾时若处于满载特别是艏吃水较大的状态,则艏部甲板易于上浪使船舶耐波性下降。一般货船在过大艉倾时,若处于空载特别是艏吃水较小的状态,则船首瞭望盲区增大,波浪中船首底板易遭海浪猛烈拍击(拍底)使船舶耐波性下降,船体结构易于受损。船舶在过大艉倾时若处于满载特别是艉吃水较大的状态,则船舶水下转船作用点后移过多引起转船力臂减小,影响舵效。计算和船模试验表明,船舶艏倾时,船的稳性指标要差于设定为平吃水时的计算指标值。此外,保持船舶平吃水状态,减小船舶最大吃水,可以有效地增加船舶通过浅水区时的装载量,同时进出某些港口时,能节约与此有关的部分港口费用支出等。

三、适当的吃水差范围

船舶适当的吃水差范围,是随船长和平均吃水变化而变化的。一般认为,船

舶保持适度的艉倾,对于提高航速、减少艏部甲板上浪和改善操纵性都是有利的。经验认为万吨级的船满载时较为适当的 t 值为 $-0.5\sim-0.3$ m,半载时较为适当的 t 值为 $-0.8\sim-0.6$ m 为好,轻载时较为适当的 t 为 $-1.9\sim-0.9$ m;空载时则要求 $|t|<2.5\%L_{BP}$(即纵倾角小于 $1.5°$,L_{BP} 为船舶的垂线间长)。对于有些小型高速船舶,在开航前可保持一定的艏倾。当开航后处于高速航行状态时,船舶仍能因船艏抬起而保持一定艉倾。此外,大吨位船舶通过浅水区而吃水受限时,应尽量保持平吃水状态,以增加船舶的载重能力。

四、空载航行时对吃水及吃水差的要求

许多船舶,如油船、散粮船、矿砂船等,因货流的原因,往往只是单程运货,回程时空载航行。船在空载航行时,有可能因吃水太小,螺旋桨部分露出水面而使推进效率下降;同时,空船重心一般较高,横向受风面积较大,给船舶稳性带来不利影响。因此,船舶在空载航行时,必须使用压载手段来达到增加吃水、保持适当的吃水差以及改善稳性等多种目的。

船舶空载航行时的吃水,至少应达到夏季满载吃水的 50% 以上;冬季航行时吃水应达到夏季满载吃水的 55% 以上。同时,还应保证船舶具有适当的艉倾,使螺旋桨达到一定的沉深比(即螺旋桨桨轴的浸水深度 h 与其盘面直径 D 的比值 h/D),当其比值小于 0.5 时,将明显影响螺旋桨的推力和转矩;当其比值大于 $0.625\sim0.750$ 时,其快速性可达到满意的效果。

此外,IMO 提出了压载航行最小吃水的要求。我国船研所分析了 IMO 对浮态的要求后,建议远洋船舶的纵向浮态应满足以下要求。

(1)对于 $L_{BP}\leqslant150$ m 的船舶:

$$d_{Fmin}\geqslant 0.025L_{BP}$$

$$d_{Mmin}\geqslant 0.02L_{BP}+2$$

(2)对于 $L_{BP}>150$ m 的船舶:

$$d_{Fmin}\geqslant 0.012L_{BP}+2$$

$$d_{Mmin}\geqslant 0.02L_{BP}+2$$

【思考训练】

1. 将班级同学分成若干学习小组,每组对吃水差相关概念进行整理。
2. 分组讲解吃水差的应用。

【思考训练注意事项】

1. 教师安排讨论内容,要求各小组分工明确。
2. 活动分工:各学习团队由队长组织协商,分派工作。
3. 活动开展:学习团队可以利用各种资源进行资料查询。
4. 总结:讨论后,各团队进行资料汇总,并加以整理。

【评价标准】

团队名称		团队负责人	
团队分工			
考评标准	内容	分值/分	实际得分/分
	小组分工是否明确	10	
	收集资料是否详细准确	20	
	团队协作水平	10	
	讲解能力	40	
	演讲文稿制作能力	20	
	合计	100	

任务二　吃水差的计算

【资料卡】

漂心

漂心在航海计算中是一个非常重要的概念。它是水尺计算的纵倾修正中的关键数据。对于漂心的定义，有的教材上为"船舶水线面面积中心"，有的教材上为"船舶吃水水线面积的重心"。正确理解漂心的概念，掌握确定船舶漂心位置的方法，对水尺计算中避免错误和提高效率具有重要意义。

1. **漂心的概念**

船舶漂浮在水面上，假设平贴着水面对船体做一个切面，其所得就是船舶的水线面。因为这是个虚构的切面，如果从数学几何概念的角度来看，它没有重量，因此也没有重心。然而为了便于理解，我们可以把这个切面想象成一个非常薄的均匀的有重量的切面。力学中对物体的几何中心和重心的关系是这样描述的：均质物体的重心位置完全决定于物体的几何形状，与物体的重量无关。这时物体的重心就是物体几何形状的中心——形心。由于水线面完全可以看作一层均匀物质，所以其几何面积的中心即形心与其重心也应该是重合的。

2. **漂心变化规律**

较大的散货船一般采用无艉柱的结构，艉垂线落在舵杆中心处，而艏垂线则在艏柱和夏季满载水线的交点。从散货船的尾部结构来看，舵杆前方要安装螺旋桨并留出必要的安全位置，需要较大的空间；在航行中，螺旋桨的高速旋转，把水向后推，从而使船舶获得向前的推力；由于此处的水流速度相当高，为了减少航行中水的紊流及防止尾部产生漩涡，一般船体尾部接近螺旋桨位置做成渐变收缩，靠近螺旋桨的地方几乎变成尖的。由于上述结构特点，在轻载状态（指货舱无货并且正常的加载压载水的情况）下，尾部的水线在离艉垂线前很远的距离处开始收缩,艉顶端离艉垂线的距离有数米远;而前缘部分结构的收缩距离比尾部短,艏柱一般离艏垂线不远,大部分的船舶为了减少航行阻力,在艏柱前设计球鼻艏,轻载状态时,船首的水线绕着球鼻艏,而这部分水线又在艏垂线之前,这样漂心位置前移更多。因此,轻载时,水线面积的中心肯定在船中前,即漂心肯定在船中前。随着吃水的增加,船首结构变化一般比较较小,船首的水线面积变化不会太大,而船尾水线面积随吃水的增加而后移,即漂心后移。

一、纵倾力矩和厘米纵倾力矩

在船舶营运过程中经常遇到要计算某种装载情况下船舶的吃水差,或者根据要达到的吃水差,计算应如何调整货物的装载情况等问题。为此需要研究吃水差的计算原理与方法。

船舶之所以产生吃水差,是由于船舶重心与浮心不在同一垂直线上所产生纵倾力矩的结果,所以船舶吃水差 t 的大小取决于纵倾力矩 M_t 的大小。在具体计算中常利用每厘米纵倾力矩(MTC)资料,即可利用船的静水力曲线图中的厘米纵倾力矩随吃水面变化的关系曲线查得船舶在一定吃水情况下产生 1 cm 吃水差所应有的纵倾力矩值,它是计算船舶吃水差的重要数据,根据此数据,就可求得在一定纵倾力矩下所产生的吃水差。MTC 的计算式为

$$M_{TC} = \frac{9.81D \cdot h_{GML}}{100L_{BP}} \approx \frac{9.81D \cdot h_{BML}}{100L_{BP}}$$

式中:M_{TC} 为变动每厘米吃水差所需纵倾力矩,kN·m/cm;D 为船舶的排水量,t;h_{GML} 为纵初稳心高度,m;h_{BML} 为浮心距纵向初稳心的距离,m。

注:对于一般船舶可以认为 $h_{GML} \approx h_{BML}$。

显然,对于特定船舶,厘米纵倾力矩随排水量或平均吃水的变化而变化。因此,具体装载状态下的厘米纵倾力矩可根据排水量或平均吃水在船舶静水力资料中查取。排水量一定时,纵倾力矩与吃水差成正比。由此,如果厘米纵倾力矩 M_{TC} 和纵倾力矩 M_t 已知,则实际装载状态下的吃水差可按下式(9-1)

计算,即

$$t = \frac{M_t}{100 M_{TC}} \quad (9-1)$$

二、吃水差和艏、艉吃水的基本计算方法

1. 吃水差的基本计算方法

使船舶产生吃水差的纵倾力矩 M_t 由重力和正浮时船体所受的浮力构成,前者的作用线通过重心 G_1,后者的作用线通过正浮时的浮心 B_0,M_t 计算式为

$$M_t = 9.81 D (x_g - x_b) \quad (9-2)$$

式中: D 为船舶排水量,t; x_b 为正浮时浮心距船中的距离,m,船中前取正值,船中后取负值; x_g 为重心距船中的距离,m,船中前取正值,船中后取负值。

根据力矩合成原理,重心距船中的距离为

$$x_g = \frac{\sum P_i \cdot X_i}{D} \quad (9-3)$$

式中: $\sum P_i \cdot X_i$ 为纵向重量力矩,即包括空船在内的全船所有载荷对船中所取力矩的代数和。

2. 艏、艉吃水的基本计算

在实际工作中通常不仅需要求出吃水差,而且还要求出艏、艉吃水的变化,从而求得船装载后的艏、艉吃水。船舶由纵向正浮状态改变成一定纵倾状态,相当于围绕一条横轴作了一定角度的转动。这条转动横轴不是在任意位置上,它必通过船舶水线面积中心,即漂心(f),所以,要计算艏、艉吃水的变化,必须掌握漂心(f)的资料。艏、艉吃水可以按以下公式计算:

$$d_F = d_M + \delta d_F = d_M + \frac{\frac{L_{BP}}{2} - x_f}{L_{BP}} \cdot t = d_M + \frac{t}{2} - \frac{x_f}{L_{BP}} \cdot t \quad (9-4)$$

$$d_A = d_M - \delta d_A = d_M - \frac{\frac{L_{BP}}{2} - x_f}{L_{BP}} \cdot t = d_M - \frac{t}{2} + \frac{x_f}{L_{BP}} \cdot t \quad (9-5)$$

当漂心(f)在船中时,即 $x_f=0$,吃水差 t 是艏、艉平均分配的,式(9-4)和式(9-5)改写为

$$d_F = d_M + \frac{t}{2} \tag{9-6}$$

$$d_A = d_M - \frac{t}{2} \tag{9-7}$$

例 9-1:某船积载情况如表 9-1 所示,当时 $D=9\,409\,\text{t}$,从船舶资料查得 $x_空=-0.37\,\text{m}$(船中后);满载吃水时,查得静水力曲图得 $x_b=1.75\,\text{m}$(船中前), $M_{TC}=(9.81\times1.03)\,\text{kN}\cdot\text{m/cm}$,求该船积载后的吃水差。

表 9-1 某船积载情况

舱名	质量 P/m	重心距船中距离 X/m		$P\times X$/(t·m)[①]	
		+	-	+	-
空船	2 700.0		0.37		999.00
1舱甲板	30.0	38.59		1 157.70	
1舱	938.0	38.40		36 019.20	
2舱甲板	33.0	21.14		697.62	
2舱	1 746.0	20.90		36 491.40	
3舱甲舱	85.0		20.80		1 768.00
3舱	1 587.0		21.13		33 533.31
4舱甲板	31.0		39.55		1 226.05
4舱	754.0		38.72		29 194.88
燃料舱	380.0	6.00		2 228.00	
淡水3舱	183.0	2.00		366.00	
淡水4舱	232.5		8.00		1 860.00
压载水2舱	320.0	21.00		6 720.00	
前尖舱	130.0	49.00		6 370.00	
压载水6舱	20.0		40.00		800.00

表 9－1（续表）

舱名	质量 P/m	重心距船中距离 X/m		$P×X$/（t·m）①	
		+	−	+	−
炉水舱	175.0		37.90		6 632.50
后尖舱	100.0		51.20		5 130.00
常数	100.0		2		200.00
总计	9 409.0			+90 049.92	−80 344.74
				+9 705.18	

注：① 1 t·m=9.81 kN·m。

解：由表 9－1 可知舱室总质量 9 409 t，纵向重力力矩 9 705.18 t·m，由式（9－2）可得重心距船中的距离

$$x_g = \frac{\sum P_i \cdot X_i}{D} = \frac{9\,705.18\ \text{t}\cdot\text{m}}{9\,409\ \text{t}} = 1.03\ \text{m}$$

按式（9－1）和式（9－2）计算实际装载状态下的吃水差

$$t = \frac{M_t}{100 M_{TC}} = \frac{9.81 D(x_g - x_b)}{100 M_{TC}}$$

$$= \frac{(9.81 \times 9\,409)\ \text{kN} \times (1.03 - 1.75)\ \text{m}}{100 \times (9.81 \times 1.03)\ \text{kN}\cdot\text{m/cm}}$$

$$= -65.8\ \text{cm} \approx -0.66\ \text{m}$$

求出船舶吃水差后，即可知道艏、艉吃水。当船舶艉倾时，艏吃水应为平均吃水加上些，艉吃水应为平均吃水减去些。例 9－1 中，若已知当 $D=9\,409$ t 时，平均吃水 $d_M=7.11$ m，用以下两种方法为例介绍如何计算艏、艉吃水。

（1）如以漂心为基准，查静水力曲线图得漂心距为 $x_f = -1.0$ m，$L_{BP} = 107$ m，按式（9－4）和（9－5）计算

$$d_F = d_M + \delta d_F = d_M + \frac{\frac{L_{BP}}{2} - x_f}{L_{BP}} \cdot t = d_M' + \frac{t}{2} - \frac{x_f}{L_{BP}} \cdot t$$

$$= 7.11 \text{ m} + \frac{0.66 \text{ m}}{2} - \frac{1.0 \text{ m}}{107 \text{ m}} \times 0.66 \text{ m}$$

$$= 7.43 \text{ m}$$

$$d_A = d_M - \delta d_A = d_M - \frac{\frac{L_{BP}}{2} - x_f}{L_{BP}} \cdot t = d_M - \frac{t}{2} + \frac{x_f}{L_{BP}} \cdot t$$

$$= 7.11 \text{ m} + \frac{0.66 \text{ m}}{2} + \frac{-1.0 \text{ m}}{107 \text{ m}} \times 0.66 \text{ m}$$

$$= 6.77 \text{ m}$$

（2）当漂心在船中处时,按式(9-6)和式(9-7)计算

$$d_F = d_M + \frac{t}{2} = 7.11 \text{ m} - \frac{0.66}{2} \text{ m} = 6.78 \text{ m}$$

$$d_A = d_M - \frac{t}{2} = 7.11 \text{ m} + \frac{0.66}{2} \text{ m} = 7.44 \text{ m}$$

从以上计算可以看出,当船舶接近满载时用船中和用漂心(f)计算出的艏、艉吃水值相差不大。但不接近满载或需精确计算艏、艉吃水时,应用漂心(f)进行计算。

【思考训练】

1. 将班级同学分成若干学习小组,每组掌握吃水差的计算。
2. 收集我国上海主要的码头对于船舶吃水的要求。

【思考训练注意事项】

1. 教师安排讨论内容,要求各小组分工明确。
2. 活动分工:各学习团队由队长组织协商,分派工作。
3. 活动开展:学习团队可以利用各种资源进行资料查询。
4. 总结:讨论后,各团队进行资料汇总,并加以整理。

【评价标准】

团队名称			团队负责人	
团队分工				
考评标准	内容	分值/分		实际得分/分
	小组分工是否明确	10		
	收集资料是否详细准确	20		
	团队协作水平	10		
	吃水差计算能力	40		
	资料收集能力	20		
合计		100		

任务三　吃水差的调整

【资料卡】

压载舱

船舶的压载舱是放置压载水的船舱，用于调整船舶的重心位置、浮态和稳性。可解决船舶在航行过程中因油水消耗、重心升高而导致的稳性不足或吃水不适当等问题。

船舶在航行中，船上的燃料、货物、食品、水等都在指定的舱室中。在船舶启航时，船舶的吃水、稳性与纵倾度都符合船舶要求。但在航行中，船载物品又是变动的，有的物品在减少，有的物品在增加。例如：有些燃料将会因船舶航行而逐渐减少；饮用水也在不断减少；有的货舱货物在中途港发生变化等。这些变化会改变船舶原来的重心位置、浮态和稳性，因而影响船舶的航行性能。

为了及时调整因船载物品变化而带来的影响船舶航行性能问题，船舶设计人员设计了压载水舱。压载水舱分布在双层底舱、艏尖舱、艉尖舱、舷侧边舱或深水舱等舱内。用泵吸入或排出舱内的水，使船舶保持正常，这些设施叫作船舶压载水系统。例如，因左舷货舱卸货过多，船只可能发生右倾，这时只要向左舷侧边舱注水，就恢复了原来的平衡，使船只平稳。

破冰船的压载水舱还有使船只摇晃的作用，利用船的左、右摇晃，或纵倾来破冰。

不同类型的船舶，其压载水舱、管路和压载泵的设计也不尽相同。现代大型油船装备的压载水舱为双层底结构。散货船一般备有双层底、边舱、艏尖舱和艉尖舱。除专用压载水舱以外，航行中货舱在空载时也可能装有压载水。集装箱船通常装备专用压载水舱。

为了加固结构，大多数的压载舱有水平和垂直的框架（双层底舱）以及附加的顶板(艏尖舱、艉尖舱和边舱)。压载舱的大小依据船的大小和舱的类型而不同,一艘集装箱船的每个压载舱可容纳 500 t 或更多的水。

每个压载舱通过单独的管路与压载水泵相连。多数船舶备有至少两台压载水泵以确保其中一台如果状态不好时压载水作业也能够正常进行。除了抽水管路之外,大部分压载舱在其甲板上还设有透气管和测量孔。透气管保证在向压载舱压水时舱中的空气可以被排出舱外。测量孔以前用于测量压载舱中的水线位置。现在大部分船舶装备了电子测量仪用于记录舱中压载水量。

在压载水的进口处一般都有粗滤器防止较大的漂浮物进入,如塑料和木块。另外,压载水还将经过孔径为 1~2 cm 的二级滤器。

积载后,经过吃水差计算,如果发现吃水差不符合要求,就要进行调整,调整的方法有两种。

一、纵向移货调整吃水差

通过移货调整吃水差时,一般由于货物前后移动的位置受限制,因此大多是先确定货物的移动距离 L,然后再根据需要调整的吃水差 δt,计算需要移动货物的量

$$P = \frac{100\delta t \cdot M_{TC}}{9.81 \times L} \quad (9-8)$$

式中:P 为应调动货物的量,t;L 为调动货物的移动距离,m;δt 为需要调整的吃水差数值,即要求的吃水差值减去计算的吃水差值,cm;M_{TC} 为变动每厘米吃水差所需纵倾力矩,kN·m/t。

例 9-2:根据例 9-1 求得的吃水差 $t = -0.66$ m,现要求 t 调整到 -0.40 m,即使吃水差减少 0.66 m-0.40 m=0.26 m,设货物由四舱移动到一舱,移动距离 $L = 76.56$ m,需移动多少吨货物?

解:根据式(9-8)可计算移到货物量

$$P=\frac{100\delta t \cdot M_{TC}}{9.81 \times L}=\frac{100 \times 0.26 \times (9.81 \times 103)}{9.81 \times 76.56} \text{t} = 35 \text{ t}$$

因此，需从四舱调动 35 t 货物至一舱，可使吃水差由 $t=-0.66$ m 变为 $t=-0.4$ m。

二、打压载水调整吃水差

如果积载计划所列的所有货物及其他载荷均已装船，同时船舶未满载，则可通过向合适的压载水舱打入压载水的方法调整吃水差。营运中的船舶因消耗或补充燃油、淡水而引起吃水差超出合适范围，同时船上合适的位置有压载水可供排放，也可通过排放压载水的方法调整吃水差。一般情况下，压载水的打入和排放均属少量载荷变动，这种方法适用于船舶未满载及吃水不受限制的情况下采用。需要在某压载水舱加压载水，加载的量同样可根据上述原理进行计算，但此时 L 值应是某压载水舱的重心距船舶漂心的距离(m)，也可近似取该压载舱舱容中心距船舶漂心的距离(m)。压载水打入的量(t)为

$$P=\frac{100t \cdot M_{TC}}{9.81 \times L} \quad (9-9)$$

例 9-3：某轮初步积载方案验算结果 $d=-0.7$ m，偏大，现要求 $d=-0.5$ m，如果在 NO.2 压载舱加压载水（该舱舱容中心距船中距离为 50 m），此时每厘米纵倾力矩为 (9.81×100) kN·m/cm，求需要加压载水吨数。

解：(1) 需要调整的吃水差为

$$\delta t = -0.5 \text{ m} - (-0.7) \text{ m} = 0.2 \text{ m}$$

即需要增加的艏吃水差为 20 cm。

(2) 应用式(9-9)可得需加压载水重量

$$P=\frac{100\delta t \cdot M_{TC}}{9.81 \times L}=\frac{100 \times 0.2 \times (9.81 \times 100)}{9.81 \times 50} \text{t} = 40 \text{ t}$$

因此，需在 NO.2 压载舱打入 40 t 压载水，可使 d 从原来的 -0.7 m 变为 -0.5 m。

不论采取哪种方法来调整吃水差，在决定移货部位或配置压载水的部位时，要综合考虑吃水差及纵向强度的要求，谨防出现顾此失彼的情况。

三、吃水与吃水差计算图表

在船舶营运过程中，吃水差和艏、艉吃水的计算是一项经常性的工作。为减少计算工作量，船舶设计单位预先计算并制作了几种吃水和吃水差的计算图表，随船舶资料提供。常用的吃水和吃水差计算图表有以下两种。

1．吃水差曲线图

吃水差曲线图：纵坐标为载荷对舯力矩 M，即船舶总载质量的所有组成部分所受的重力对舯的力矩之代数和；横坐标为船舶排水量。图中共有 3 组等值曲线族：第一组是吃水差曲线族，表示吃水差为某一特定值时，载荷对舯力矩随排水量变化而变化的关系，特定的吃水差值标于曲线的上方；第二组是艏吃水曲线族，表示艏吃水为某一特定值时，载荷对舯力矩随排水量变化而变化的关系，曲线上方标有相应的艏吃水；第三组是艉吃水曲线族，表示艉吃水为某一特定值时，载荷对舯力矩随排水量变化而变化的关系，曲线上方标有相应的艉吃水。

2．吃水差比尺

吃水差比尺表示在船上任意纵向位置装载 100 t（小型船舶为 30 t）载荷时，艏、艉吃水改变量的曲线图，又称加载 100 t 艏、艉吃水改变量曲线图。其适用于少量载荷变动时，对吃水差和艏、艉吃水进行修正。

四、保证适当吃水差的经验方法

为了在确定全船各舱配货质量时就能兼顾到满足适当吃水差的要求，减少装货完毕后需要大幅度调整吃水差的情况出现，广大船员在实践中总结出了不少经验，归纳如下：

（1）按经验得出的各舱配货质量的合适比例配货。各舱配货质量占全船装货总质量的合适比例，随船舶的机舱位置、货舱和液舱的大小及布置等的不同而变化。对于同一船舶，其合适比例也随船舶排水量的不同而变化。即使对于同一船舶在相同排水量下，兼顾纵强度要求的保证适当吃水差的各舱配货质量合适比例中，仍有多种方案可以通过计算或由长期积累的船舶积载数据获得。

（2）按舱容比例配货，但首、尾舱内留出一定量的机动货载供临装货结束前作调整吃水差之用。通常选择在对船舶吃水差调整效果明显的首、尾货舱留出机动货载。由于需要兼顾满足其他要求，因此在首、尾舱条件不具备时，也可以选择在远离船中的其他货舱留出机动货载供吃水差调整之用。对机动货载一般要求同时满足：①货载质量既应控制在船舶纵强度的容许范围内，又能满足调整吃水差的要求，通常取船舶夏季满载排水量的1%~2%左右；②所选货载应当与拟定调整舱室内的货物相容。

【思考训练】

1. 将班级同学分成若干学习小组，每组完成简单吃水差调整。
2. 收集不同类型船舶在保持较好航行性能下合理的吃水差。

【思考训练注意事项】

1. 教师安排讨论内容，要求各小组分工明确。
2. 活动分工：各学习团队由队长组织协商，分派工作。
3. 活动开展：学习团队可以利用各种资源进行资料查询。
4. 总结：讨论后，各团队进行资料汇总，并加以整理。

【评价标准】

团队名称				
团队分工				
考评标准	内容		分值/分	实际得分/分
	小组分工是否明确		10	
	收集资料是否详细准确		20	
	团队协作水平		10	
	配载计算能力		40	
	资料收集能力		20	
	合计		100	

项目十 确保货物的运输质量

内容简介

保证货物运输质量,是港口及航运部门的重要任务之一。一艘杂货船、集装箱船的一个航次,往往要装载上百种货物,这些货物的理化性质和包装情况各异,对运输保管要求不一,若在舱内混装处理不当或舱位安排不当,就会造成严重货损,甚至发生危险。因此,如何妥善地处理货物与货物之间的矛盾以及货物与舱位的矛盾,保证货物运输质量,成为积载计划中要考虑的重点问题。

学习目标

1. 知识目标
(1)熟悉海上事故的原因。
(2)熟悉船舶保证货运质量的积载要求。
2. 技能目标
(1)能够独立查找资料,并进行资料整理、汇总。
(2)能够完成基础的文件整理、汇总工作。
(3)能够掌握确保货物运输质量的基本方法。

任务一　海上事故的原因

【资料卡】

集装箱自燃

2022年8月1日,一艘载有旧自行车的集装箱发生火灾后,这艘由达飞轮船亚洲内分支机构CNC Line运营的船舶不得不在中国台湾台中港紧急停靠。

据台中港务局称,他们在当地时间8月1日早上8点左右接到了M. V. Guangzhou Trader号求助电话。当时,M. V. Guangzhou Trader号位于中国台中以南6.4 n mile。

被分配到CNC Line的JTX服务的M. V. Guangzhou Trader号正从日本航行到泰国。这艘2016年建造的船由总部位于英国的Lomar Corporation租用。

虽是船员自行灭火,但因担心复燃,集装箱船M. V. Guangzhou Trader于8月1日中午12时30分进入中国台中港,在10号码头停靠,卸下起火的货柜。

(资料来源:搜航)

总结航运发生海上货运质量事故的原因,可以有针对性地采取相应的防范措施,以利做好货运质量工作,产生货运质量事故的原因是多方面的,归纳起来主要有以下几种。

一、积载不当

1. 货位不当

怕热货配在热源附近,以致其产生熔解变质;怕潮货配在易散发水分的货物附近或易产生汗水的地方,又没有采取适当的衬垫保护,从而发生变质;污染货配在底舱的上层或二层柜中,由于装卸过程破包扬尘污损了其他货物;轻货配在下层,重货配在上层,包装坚固货包装不牢,货倒置,压坏货物;中途港先卸的货物被压死(堵住),卸货时翻舱引起货损和货差等。

2. 货物在舱内堆码不当

舱内装货堆码不紧密,航行中货物倒塌压坏或互相摩擦发生破损;堆码过高或缺乏必要的木板衬垫以分担压力,而引起货物破损;堆码货物时舱内没有留出通风道或者由于航行中船舶摇摆时使通风道堵死,因通风不良造成货损;裸装大件货没有很好加以固定;航行中突出部分受挤碰坏等。

3. 货物装舱搭配不当

性质相异的货物装在一起,造成沾染异味、变质、发热、自燃等后果。

4. 衬垫隔票不当

所用衬垫方法不当或衬垫材料潮湿不干净,造成货物破损、湿损和污损;各卸货港和不同货主的货物隔票不清,造成混票和错卸。

二、货舱和货舱设备不适航

（1）货舱的清洁、干燥、除味、驱鼠、灭虫、消毒等装货前的准备工作没有满足所装运货种的要求,仓促勉强装船引起货损。

（2）货舱水密性差,水密甲板、外板、舱口盖漏水,或货舱开口或道门闭锁装置不善,造成货舱进水,引起货损。

（3）货舱设备不完善,如:舱内管道漏水,污水沟、污水井不畅通,货舱舷壁护板不全,通风设备失灵,吊杆工作不良,舱内电缆漏电。

三、装卸过程不当

在装货过程中,船上值班人员应始终密切观察车、驳、库来货质量,发现破损、水湿等现象,应及时采取措施(修理、调换)避免扩大货损,对于理货数字也要实行监督。若船上值班人员工作疏忽,不符合承运要求的货物就可能被装上船,货物数量差错也不会被及时发现。

船上值班人员与装卸工人密切配合协作不够,有的货物没有按积载计划的要求装舱,由于货位变化、货性抵触、堆码不当等原因造成货损和差错。

在夜晚装卸,由于照明不足,工作人员对天气变化疏忽大意,下雨未能及时关舱,会造成货损及其他事故。

四、运输途中保管不当

没有根据外界天气情况采取正确的通风措施,舱内产生大量汗水,使货物受潮变质;对污水井内的存水没有定时、定量排除,积水溢出使货物受损;对易燃、自燃货未定时测温降温,产生自燃后发现不及时或救火不力;冷藏货舱未满足冷藏货要求的温湿度,这些情况都会引起货损。

五、恶劣天气所造成的货损事故

船舶在航行中遇到恶劣天气,导致货舱较长时间无法通风,致使舱内产生大量汗水;甲板和舱口水密设备、通风筒等为风浪所破坏,致使舱内进水等。根据中国远洋运输公司提单条款规定和国际有关规则,这些事故是属于不可抗力所造成的,所以船方若能提出不可抗力的充分证据,可以免除责任。但是船上必须采取一切力所能及的预防和补救措施,否则也是不能完全免责的。

六、货物的自然属性和潜在缺陷

由于货物自身的特性或潜在的缺陷在运输中发生变质、损坏等,当承运人能举证属于此类原因,承运人可以免责。如某轮从南美装运经抗氧处理的袋装鱼粉回国。在航行途中,该轮几个舱内鱼粉相继发生自燃,造成重大损失。事故调查发现:该轮承运的鱼粉中抗氧剂分布严重不均(高浓度处为 3 500 mg/L,低浓度处则仅为 28 mg/L),按《国际海运危险货物规定》(以下简称《国际危规》)要求,鱼粉在装运时其抗氧剂最小浓度不小于 100 mg/L,这是发生事故的主要原因。

【思考训练】

根据自己所学知识,讨论台风是否属于不可抗力。

【思考训练注意事项】

1. 教师安排讨论内容,要求各小组分工明确。
2. 活动分工:各学习团队由队长组织协商,分派工作。
3. 活动开展:学习团队可以利用各种资源进行资料查询。
4. 总结:讨论后,各团队进行资料汇总,并加以整理。

✅【评价标准】

团队名称			团队负责人	
团队分工				
考评标准	内容		分值/分	实际得分/分
	小组分工是否明确		10	
	资料是否详细准确		20	
	PPT 制作		20	
	讨论中表现		30	
	资料收集能力		20	
	合计		100	

任务二　保证货运质量的积载要求

【资料卡】

《货物堆装与系固安全操作规则》简介与应用

为了货物和船舶运输的安全,IMO 已经于 1991 年 11 月 6 日通过并经 1994 年和 2002 年修改的《货物堆装与系固安全操作规则》(Code of Safe Practice for Cargo Stowage and Securing,以下简称《系固规则》)列入经修改的 *SOLAS*1974,作为强制性的要求。

《系固规则》的适用范围和主要内容

该规则适用于国际航行船舶装载的除固体和液体散装货及木材甲板货外的货物,特别是实践已证明在积载和系固上会造成困难的那些货物。

规则的内容除前言和一般原则外,包括 7 章和 13 个附则。正文中的 7 章的内容主要有:

(1) 总则。包括:规则的适用范围;所用名词的定义;系固装置应克服的货物移动力;货物特性对货物系固的影响;估计货物移动风险的标准;对配备货物系固手册(Cargo Securing Manual)的要求;对货物系固设备的要求及货物资料的要求;等等。

(2) 货物安全积载和系固原则。

(3) 标准化货物的积载和系固。

(4) 半标准化货物的积载和系固。

(5) 非标准化货物的积载和系固。

(6) 恶劣气候时可以采取的行动。

(7) 货物移动时可以采取的行动。

该规则的 13 个附则中针对在积载和系固中容易产生困难的 12 种包装和形状的货物提出了积载和系固的建议和方法,并给出了系固方案的评估方法。

IMO 制定《系固规则》的目的：提请船舶所有人和经营人注意确保船舶应适合其预定的用途；对确保船舶装备合适的货物系固装置提出建议；提供关于适当的货物积载和系固的一般建议以减少船舶和人员的风险；对在积载和系固上会有困难和造成危险的那些货物提出具体建议；对在恶劣海况下可采取的行动及对货物移动可采取的补救行动提出建议。　　　　（资料来源：《系固规则》）

一、正确选择舱位

正确地为各类货物选配舱位，对保证货物在运输过程中的完好无损有重要作用。广大船员及港口工作人员在实践中总结出正确选配舱位的基本原则如下。

1. 由下而上，先远后近，先大后小，下重上轻

从船舱来看，应先配底舱及舱底的货，后配上层舱及舱面的货；从港序来看，应先配远程后卸的货，后配近程先卸的货；从货物的批量来看，应先配批量大的大宗货，后配批量小的小票货；从货物积载因数来看，应先配耐压的重货，后配不耐压的轻货。这四句不是孤立的，必须综合考虑，即先在去终点港的货物中选择批量大又耐压的大宗货，配在底舱舱底或二层舱最里面，然后再依到港顺序，按同样的原则安排中途港货物，最后安排第一个中途港的货物。

货物上下的配置，在遵循下重上轻的前提下，还要结合货物的包装加以考虑。由下而上，一般是先钢材、大件货，然后是坚固的铁桶货、捆包装、袋装货、木箱货、纸箱货、易碎货。

2. 特殊货物先定位，忌装货物慎搭配

装货清单上所列的那些有特殊要求的货物，如危险性货物、贵重货、超长超重货、怕热货、怕潮货、污染货、流质货、易碎货等，先确定其装舱位置，与此同时，要慎重对待忌装货物的积载要求，恰当搭配，防止混装。

3. 大硬配中，小软首尾，轻重大小搭配合理

宜将体积大、硬包装货（如大木箱）配在舱口大、舱形比较宽阔的中部货舱；体积小、软包装货（如捆、包等）配在舱形狭窄的首、尾舱内。与此同时，还要解决好各舱体积不同，包装软硬程度不同，积载因数不同的货物的合理搭配等问

题。以便充分利用各舱的载质量和货舱容积,并有利于堆码紧密,防止货物移动和防止包装的损坏。

上述原则均应视不同的货物和船舶具体条件,灵活地加以运用,不能生搬硬套。

二、正确解决货物的忌装问题

杂货船运输的货种繁多,其中不少货物互有影响,装舱时若将互相有影响的货物放在一起,轻者会降低货物质量,重者会丧失货物的使用价值,甚至引起火灾或其他事故,对此必须引起足够的重视,以下介绍一些常见货的忌装问题。

1. 易引起化学反应货物的忌装问题

酸、碱、盐、化肥均易腐蚀金属,这些货物应与金属制品,特别是应与贵重金属(特种钢材、钢管、白铁皮等)分舱装载,如不得已必须混装一舱时,要严加隔离,上述货物与船体板也要加隔衬或采取其他措施。

糖、氨、氧化镁应远离水泥,水泥掺混万分之一糖类后,便会失去凝固作用。水泥遇氨(许多铵料化肥受潮后,会散发氨气)会使水泥在未使用前就凝固,降低水泥质量或失效。氧化镁与水泥作用时会使水泥体积膨胀,混有氧化镁的水泥在施工中就会使水泥制品产生小孔,影响工程质量。

铵肥怕碱类和水,硫酸铵等酸性化肥与碱和水作用,能强烈地放出氨气,使肥效降低。铵肥装舱后,若舱里有明显氨味,即说明肥效正在流失。过磷酸钙等磷肥怕碱类,过磷酸钙与碱混合后,其中所含可溶于水的磷酸二氢钙将变成不溶于水的磷酸三钙,完全丧失肥效。因此,它对碳性钙化物(纯碱、石灰等)最敏感。硝酸铵化肥具有危险品的性质,它与有机物混装并受冲击时将引起爆炸;硝酸铵与所有的可燃物、火药类、酸类均应分开装载;氯酸盐类及其他硝酸盐也应远离硝酸铵。硝石会助长可燃物的燃烧,所有可燃物、火药类、引火性液体及酸类也应与之分舱装载。

2. 怕异味货物的忌装问题

烟、茶、糖、蜜等货均怕异味,这一类货物如受香、臭、刺激性气味及异味的感染,就会降低质量。如桂皮与八角能互相串味,不得同装一舱。

香系指香料、香皂、化妆品等货物;臭系指骨粉、兽皮、咸鱼等货物;刺激性气味货物系指各种化肥、酸类、油漆、农药及各种化学品等。

3. 怕杂质货物的忌装问题

滑石粉、耐火材料（镁砂、黏土、焦宝石等）、纸浆、矿石和矿石粉、焦岩等货物均怕混入杂质，当装载上述货物时，必须先把货舱打扫干净。

滑石粉是制造化妆品的原料，掺入杂质后不能再作化妆品原料。耐火材料掺入杂质后，制成的耐火砖会有小孔。纸浆是制造纸张和人造棉的原料，混入杂质后，会影响产品质量；若混入硬铁屑、砂石等，还会损坏造纸机的滚筒。各种矿石和矿石粉是炼制金属的原料，混入杂质后，影响冶炼质量。焦炭多供炼钢用，最怕硫化物混入。

4. 怕油污货物的忌装问题

棉、麻及其制品受到油污后，不仅会降低品质，还会自燃引起火灾；橡胶制品受到油污后表面起花斑，发生膨胀失去弹性；许多日用品受到油污后质量降低等。箱装的机械零件、小五金和各种机械设备均涂有防锈油，有时会渗漏出来，还有油料作物的果实（芝麻、花生等）及桶装油类，都必须小心谨慎妥善处理，一般，这类油污货物不能配装在怕油污货物的上边，若同舱相邻堆码，必须严加衬垫或采取其他措施。

5. 百杂货的忌装问题

棉花及其制品、纸张文具、五金器材、塑料制品、人造纤维制品、工艺品等百杂货，应与酸、碱、盐相隔离，防止被腐蚀。玻璃及其制品、棉花、工艺品等应防止受潮，玻璃受潮或水湿后，透明度下降甚至粘到一起；棉花受潮或水湿后，轻者会发霉失去光泽质量下降，重者会发生自燃；工艺品为贵重精制商品，受潮后货表会生皱纹和斑点，影响美观和质量。

三、货物在舱内堆垛、衬垫、隔票和系固

货物在舱内的堆垛、衬垫、隔票和系固工作的好坏，将直接影响货物的运输质量。

1. 货物在舱内的堆垛

船舶经常航行在大洋上，遇到风浪的可能性较大，摇摆程度和持续时间较长，因此货物在舱内必须堆垛紧密、稳固、整齐，防止发生倒塌、挤压和混票等事故。特

别是杂货船货种多,货物的性质、包装材料、规格、形状等又不尽相同,有时还要进入多个中途港装卸货物,因此必须依据具体货种特性,做好舱内的堆垛工作。

1) 袋装货堆垛方法

袋装(Bag)货包括袋粮、袋装化肥、纯碱、袋糖、水泥等货种,大多数是采用麻布、棉布、人造纤维和塑料布袋包装。袋装货比较松软,在各个舱位均可以紧密堆码。袋装货物的堆垛方法主要有重叠式和压缝式两种。前者货袋垂向重叠堆集,利于通风,但为了保证垛形稳固,一般每码6~7层后将袋口转90°角,再往上堆码;后者垛形稳固紧密,节省舱容,适于不需要良好通风的货物。此外,还有纵横压缝式,此垛形最为稳固,但操作费力,一般在堆顶与垛端采用这种形式,以防止倒塌。一般箱装重货不允许配在袋装货的上面。袋装货配在箱装货物上面,应在箱装货物上边用木板和席子衬垫,防止破包。

2) 捆包装货堆垛方法

捆装种类较多,包括:

(1) 捆包(Bale)。有人工捆包(Bale)和机械捆包(Pressed Bale),其体积和重量各异,不怕挤压,可配装于各个舱室,更适宜配装于尾舱。

(2) 捆扎(Bundle)。金属类捆扎货耐压,可作打底货;非金属类捆扎货多数不耐压,一般不能作打底货;长件金属类捆扎货宜配装于舱口尺度大、舱形规则的中部舱室,而且要顺着船舶首尾方向堆放,以防止船舶横摇时损伤船体。为防止各种金属管材受损变形,要求其堆码平整、紧密。

(3) 捆卷(Roll)、捆筒(Coil)。金属类捆卷、捆筒货耐压(矽钢除外),可作打底货;非金属类捆卷、捆筒货不耐压,不能作打底货。这类货物宜配装于舱形规则的中部大舱。

3) 箱装货堆垛方法

箱装货的堆垛形式,应根据具体货物的包装强弱、大小、重量、内容而异。各种包装的装载要求如下。

(1) 木箱(Wooden Case)。较坚实耐压。大箱宜配装于中部大舱,如需装于二层舱时要考虑其高度,既要使之能装得进,又不能造成过多的亏舱;小箱(Box)可配装于各个货舱,亦可作为充分利用舱容的填充货。木箱的堆高一般不受限制,若需要在其上面堆装重货时,应在其货堆表面铺木板衬垫,以分散压力;大小相同的箱子应"砌墙式"(Brick Fashion)堆码,并注意紧密稳固;在货舱底部的不规则部位应衬垫平整后再堆码木箱货。

(2)木格箱(Skeleton Case or Crate)。不耐压。根据内装货物不同,可配装于上甲板、冷藏舱或普通货舱内;在短航线上,装于木格箱内的新鲜蔬菜类货物可配置于有良好通风设备的二层舱上部的舱口位。较小的木格箱的限制堆高为5~7个箱高。

(3)纸板箱(Carton)。一般不耐压。可配装于各舱室的上层,多数堆装在其他货物的上面,其堆高一般不受限制,也应以"砌墙式"堆码并应紧密稳固。

4)桶装

桶装(Drum)。从材料分类有金属桶、木桶、三夹板桶、塑料桶等;从形状分类有圆形桶和鼓形桶。大的金属桶和大木桶多数内装流质货,圆桶应直立堆放,桶口向上,空桶可以卧放;鼓形桶的强度为中间弱,两头强,桶口在腰部,因此桶口要朝上,其底层和靠近舱壁处的空隙部位用木模子塞紧,以防滚动和坍塌。根据大桶的单重不同有一定的堆高限度,而且每层货桶之间应衬一层木板。大桶货应配装于中部大舱。在大桶货上衬一层木板后可以装其他货物。各种小桶货不能作底舱打底货,一般应配装于二层舱或上甲板。内装流质货的货桶不应堆放于舱盖部位。

5)裸装

裸装(Unpacked)货,如钢轨、槽钢等,应作打底货,要求堆码平整、紧密,以利在其上堆放其他货物。长、大的裸装金属管应顺着船舶首尾方向堆放,并在货垛的左右两侧塞紧固定,防止滚动,管头较管体大的大口径金属管,其管头应交替排列且每层用木条衬垫。

大型机器和车辆等裸装货,如机车、推土车、拖拉机、火车车厢、成套备等,要注意保护其突出部分,不要在装卸货物及舱内排列移位时碰伤损坏。要牢靠地固定,防止船舶摇摆时产生滚动和滑动。带轮车辆的堆放方法,最好是车轴与船舶首尾向成90°角,车轮要用垫木塞紧,车体要用钢丝绳和花篮螺丝绑紧,航行中特别是在大风浪中航行时,要注意经常检查,及时收紧绑扎的钢缆和塞紧垫木。

2. 货物的衬垫

衬垫是保护运输货物完好的手段之一,但是使用不当也会造成更多的货损。

1) 舱底衬垫

在底舱装载包、捆类货物和其他怕潮湿的货物时,应先在舱底衬垫 1~2 层木板,底层木板要横向铺放,接近污水沟处应留出空当,以利汗水和污水能畅通地流入污水沟,对容易发热需要通风的货物(如袋粮),最好再铺一层纵向的木板。装卸袋装货物时,还应在木板上铺一层帆布。

2) 舱壁及舷壁衬垫

装载怕潮湿的货物时,一般均在舷壁处用帆布或塑料纸衬垫,使货物不直接接触铁板,以防止汗水湿货。载重水线以上的舷壁和甲板部分产生汗水较多,在这些部位加以衬垫尤为重要。但应注意勿使衬垫阻止壁上产生的汗水下流。为防止舱顶汗水下滴湿货,也要在货顶上铺盖衬垫物,并应在舱口、通风筒下面等产生汗水较多的地方,多盖几层衬垫,必要时还应设法留出汗水集中的地方,以便排出积水。

3) 防止货物压损、移动的衬垫

底舱高度较大,当舱内装运包装不太牢固的货物时,每层或每隔几层应衬垫木板,防止压坏货物。

舱内装载大的箱件货物时,往往因舱内搬运困难,堆放不够紧密。为了防止货物移动影响船舶安全和损坏货物,常用撑木或木楔支顶固定。另外在重大件货的底部,应铺一层厚木板或钢板,增加受力面积,减少单位面积的负荷。

有些货物遇火花会发生危险,通常需在这类货的底部铺上衬垫物,并把这类货件牢牢固定,以防止货物与船体、货件之间摩擦冲击产生火花。

3. 货物的隔票

杂货船装运货种较杂,货主又多,有时还需进入几个中途港卸货,为了提高理货工作效率,减少和防止货差事故(如超运、错卸等),加快卸货速度,需在货物装舱时,对不同卸货港,不同货主,不同货种的货物做好隔票工作。

隔票的具体方法很多,可以用包装明显不同的货物作分隔;也可以用专门的隔票物(如绳网、绳索、帆布等)作分隔;也有用油漆做标记(如钢材、木材,以及用不同颜色油漆标记不同的卸货港和货主)加以区分等。具体应根据货物品种的不同,灵活采用相应的方法和材料隔票。

4. 货物的系固

根据《1974年国际海上人命安全公约》1994年修正案(SOLAS1994)的要求,除移动平台、渔船、仅装载散装液体或固体货物的船舶及符合IMO国际高速船安全规则的高速船外,所有国际航行的船舶均应在装载货物单元时随船配备经批准的货物系固手册。国内航行船舶可参照有关要求,但为非强制性规定。

系固原则如下:

(1) 船长必须关注系固方案的制订、作业计划的安排与实施及监督工作,且均应事出计划。

(2) 如认为有必要,应要求货方提供货物单元的装载与系固声明,说明其货物单元在集装箱和车辆中的包装、堆装、绑扎和系固方法均符合国际海事组织和国际劳工组织的有关规定。

(3) 系固布置应确保货物单元不会发生危及船舶安全的移动,如采取措施避免因货物单元变形和收缩致使系固系统松动。对摩擦因数较小的货物单元,应在横向上紧密积载以防止其在航行中滑动,必要时可用软质木板或类似垫料加以垫衬,以增加摩擦力。

(4) 应确保系固通道畅通无阻,以便对货物单元进行系固和在航行中对系固的有效性做进一步检查。

(5) 船舶靠岸泊位前,未经船长许可,不得破坏系固系统的完整性。

为了保证运输中货物质量的完好无损,在综合考虑多方面因素时,首先应严格按货物特性(忌潮、忌热、易碎、危险、贵重等)决定这些货物的装载位置。一般原则是:首先从装货清单中将危险品、重大件、贵重物品,注明要远离机舱或装于水线以下的货物,以及有其他特殊要求的货物等挑剔出来,以便于单独处理;然后将大宗货物配入适宜的货舱(在安排大宗货舱位时要为装载有特殊要求的货物创造条件);接着再将一般的其他货物配于各舱。对于各种货物的理化性质和某些货物的互抵性等有足够了解,同时又掌握各种货物的包装情况,在安排各种货物的装载位置时就能获得较好的效果,如:能避免由于货物之间性质上的矛盾和货物特性与舱位条件上的矛盾而造成的货物挤压损伤;按不同的包装形式选择舱位能更好地利用货舱容积;等等。根据货物理化特性和包装情况,在货载的具体处理中还应掌握上述的货物搭配和货位选定方面的基本原则。

【思考训练】

收集船舶不同货物的系固方案,选择其中一种给大家讲解。

【思考训练注意事项】

1. 教师安排讨论内容,要求各小组分工明确。
2. 活动分工:各学习团队由队长组织协商,分派工作。
3. 活动开展:学习团队可以利用各种资源进行资料查询。
4. 总结:讨论后,各团队进行资料汇总,并加以整理。

【评价标准】

团队名称		团队负责人	
团队分工			
考评标准	内容	分值/分	实际得分/分
	小组分工是否明确	10	
	资料是否详细准确	40	
	PPT 制作	20	
	团队协作水平	10	
	演示水平	20	
	合计	100	

项目十一　满足中途港卸货和缩短船舶在港时间

内容简介

货运船舶尤其集装箱船舶在某一航次运行过程中,有的时候要挂靠不同的港口,这就对船舶积载提出要求,既要满足船舶在中途港的正常装卸,又要尽量缩短船舶在港时间,以提高船舶的营运效率。

学习目标

1. 知识目标

(1) 掌握中途港卸货顺序要求。

(2) 熟悉船舶缩短在港时间的要求。

2. 技能目标

(1) 能够独立查找资料,并进行资料整理、汇总。

(2) 能够掌握满足中途港卸货顺序的方法。

(3) 能够掌握缩短船舶在港时间的方法。

任务一 满足中途港卸货顺序要求

【资料卡】

7条远东往返西北欧航线

2022年海洋联盟提供7条西北欧直达航线,其中升级4条航线。航线产品涵盖18个亚洲挂港、15个西北欧挂港,约100余个港至港服务,为客户提供频次高、覆盖广的航线产品。依托泽布吕赫、鹿特丹、格但斯克等中转港和自有支线网络服务的优势,覆盖到西班牙毕尔巴鄂、爱尔兰、瑞典、丹麦、波兰、芬兰、俄罗斯等国家。

AEU1:上海—宁波—厦门—盐田—新加坡—苏伊士运河—费利克斯托—泽布吕赫—格但斯克—威廉港—比雷埃夫斯—苏伊士运河—新加坡—盐田—上海。

AEU3:天津—大连—青岛—上海—宁波—新加坡—苏伊士运河—比雷埃夫斯—鹿特丹—汉堡—安特卫普—鹿特丹—苏伊士运河—上海—天津。

AEU7:厦门—南沙—香港—盐田—盖梅—巴生港—苏伊士运河—比雷埃夫斯—汉堡—鹿特丹—泽布吕赫—费利克斯托—苏伊士运河—新加坡—香港—厦门。

AEU2:天津—釜山—宁波—上海—盐田—新加坡—苏伊士运河—勒阿弗尔—敦刻尔克—汉堡—鹿特丹—敦刻尔克—阿尔赫西拉斯—马耳他—苏伊士运河—巴生—天津。

AEU6:青岛—宁波—上海—盐田—新加坡—苏伊士运河—丹吉尔—南安普顿—鹿特丹—安特卫普—勒阿弗尔—丹吉尔—苏伊士运河—吉达—青岛。

AEU5:青岛—上海—宁波—台北—盐田—丹戎帕拉帕斯—苏伊士运河—鹿特丹—费利克斯托—汉堡—鹿特丹—苏伊士运河—科伦坡—丹戎帕拉帕斯—高雄—青岛。

AEU9：天津—宁波—上海—盐田—新加坡—科伦坡—苏伊士运河—安特卫普—汉堡—鹿特丹—比雷埃夫斯—苏伊士运河—巴生—天津。

（资料来源：中国远洋海运）

船舶在某一航次中，若装载有到达几个不同港口的货物，首先在拟定航线时，明确几个到港的先后顺序，在积载中货物的安置时注意到港的顺序，保证先到港的货物能方便地卸出，若将到第二港的货物置于到第一港的货物上方，则到第一港后，这批货物就无法顺利地卸出，而要进行"捣载"（或称翻舱），这样不单增加装卸等费用，还延长船舶在港口的停泊时间。

中途港货处理原则及具体办法如下：

（1）终点港货载先配舱，中途各港货载则是后到（卸货港）的先配装，先到的后配装，到中途第一港的货载应最后进行配装。若中途港只卸不加，或没有加到终点港的货载，则应使终点港货载尽量分散配置于各舱，并将适量的货载配在上层舱。若运往中途港某港的货载数量很大，不论该港是否加载，从装卸时间与船体强度考虑，都不应集中装于一个舱内。

（2）有时有2个起运装货港口（如上海装部分货后到广州黄埔港装满，大连港装部分货物后到青岛装满），则第一装货港应结合第二装货港货载运送的到港情况，按顺序进行货物配装。

（3）有时中途港要加载，起运港积载中应考虑中途所加货物的到港情况，以保证加载货舱内其他货物仍能按到港顺序顺利取卸。若事先来不及掌握加载的有关资料，可以先安排出一些"留有余地"的机动货位。

（4）选港货（起运时尚未决定运往的目的港，而仅选定几个可能的到港，在船驶抵有关港口24 h或48 h前，才决定到港）应配装在选择范围的任何港口都能顺利卸取的位置。

（5）有时有几个到达港，同时在舱面甲板又要装载到中途或最终港的货物，此时应围绕到港顺序合理进行舱面积载（舱面装载还应考虑重量、堆高、捆扎、加固等）、舱面甲板配装，从到港顺序考虑，一般应保证：舱盖面上堆货不影响舱内货物的取卸，如不能将此舱内后到港的货物置于该舱舱盖面上；后到港的货物在舱面甲板的舱口两侧堆装与捆扎不影响前几个港该舱起吊货物的作业;后到港货件堆放位置与捆扎不影响先到港货件的拆卸;等等。

具体积载办法视条件与情况不同而有所不同。一般杂货船有多层甲板,在最上层货舱的舱口下面(称舱口位)通常载到第一港口的货物,这样当把这部分货物卸去后,即可打开下间舱或底舱的舱盖,有利于在下间舱或底舱也能配装第一到港的货物。

以下介绍3个到港的积载办法,到港顺序设为利物浦(L)、汉堡(H)、鹿特丹(R),首先应保证按顺序到港时货物能顺利取卸,其次根据不同到港的货物数量、特性等做细致的安排。①若货物不致压损或不致有其他不利影响,按货物所占容积情况可层层堆装处理,如图11-1所示。②若有些H港的货物不宜堆于R港上方,或H港货物数量大,有部分要装入下舱,则按层堆就不适宜,而应按图11-2处理。③若有部分L港货要装入下舱(或H港货全部在下舱),又有部分R港货要装于上积载时应将第一港(L)货置于舱口位,如图11-3所示。

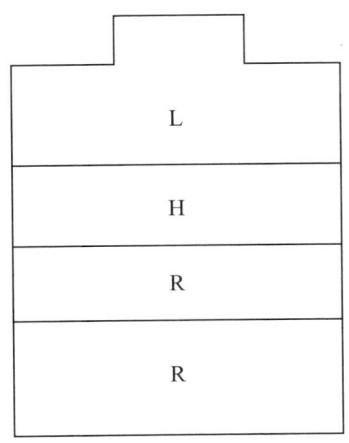

图11-1 层堆示意

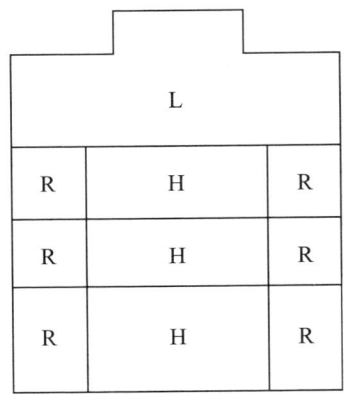

图11-2 并列堆放加层堆示意

假设同上的到港顺序,其中有一批选港货(在L、H、R三港的任一选港卸货),比较普遍的做法是将这批货配装在上层舱,单独成堆,并使其与舱口位相通,保证在任一选港顺利取卸。选港货的积载如图11-4所示。

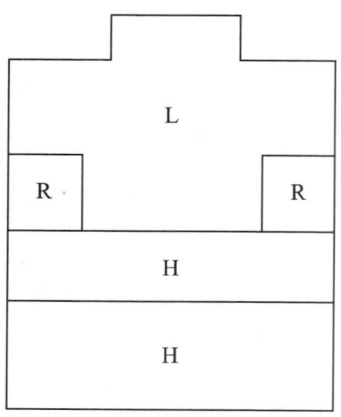

图 11－3　舱口位放置示意

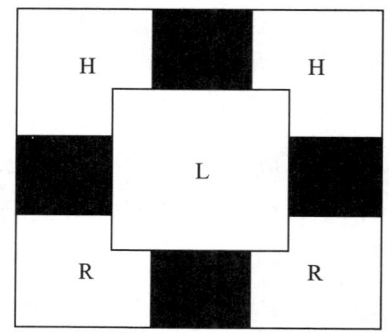

图 11－4　选港货舱口位相通堆放示意

也可以将这批货置于下舱,其货位应保证与 L、H、R 三港的其他货载相连接,且不能置于 L、H 港货载的上部,H、R 港货载的下部,如图 11－5 所示。

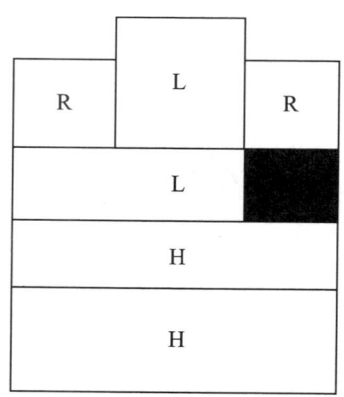

图 11－5　选港货连接堆装示意

【思考训练】

收集一条航线上港口的装卸费,推算合理装卸节省的费用。

【思考训练注意事项】

1. 教师安排讨论内容,要求各小组分工明确。

2. 活动分工：各学习团队由队长组织协商，分派工作。
3. 活动开展：学习团队可以利用各种资源进行资料查询。
4. 总结：讨论后，各团队进行资料汇总，并加以整理。

【评价标准】

团队名称			团队负责人	
团队分工				
考评标准	内容		分值/分	实际得分/分
	小组分工是否明确		10	
	资料是否详细准确		40	
	推算过程合理		20	
	团队协作水平		10	
	推理能力		20	
	合计		100	

任务二　缩短船舶停港时间

【资料卡】

影响船舶装卸效率的因素

船舶的装卸效率受各种因素的影响,如天气、货物本身、装卸机械、装卸工人水平等,除去天气、货物本身等非人为因素,影响效率的因素主要有以下几个。

1. 操作方案选用不当或工艺老化

因为货物种类的不同,在装卸作业人员、机械设备以及装卸工艺上往往都有其特定的装卸工艺方案。对于船舶装卸工艺方案的选择、工艺装卸机械数量和质量的确定,目前还没有更好的方法。根据货物的变化与货主的要求,对选择船舶装卸工艺条件的要求越来越高,尤其是杂货码头出现每件货物重量、长度、体积逐渐增大的状况。货主一般会要求在船舶装卸过程中不允许货物出现划痕、碰擦等不良情况,但有的港口装卸工艺仍然老旧,为避免货物出现划痕、碰擦等现象,不得已只能降低船舶的装卸效率。

2. 货物堆存位置不合理

货物堆存位置是否合理很大程度上会影响靠港船舶在港停留时间的长短。货物存储位置不合理;货物定位不当,导致错放或乱放;保管要求不合理,使危险货物与其他货物混淆;货物编码错误,导致货物流通不畅等。如若出现以上情况,会出现货物装错,货物与货物之间装卸中断,货物缺失等现象,将增加船舶在港时间,延长船舶装卸进度。

3. 专业人才匮乏

船舶装卸作业人才满足不了市场需求,除了总量紧缺以外,仍然存在着受教育程度低、专业化教育匮乏、装卸行业经验短缺等问题。这种装卸作业人才"质"不高、"量"不足的情况,无法适应现代货物高速装卸的要求。在装卸过程中常常存在潜在的不安因素：新上岗员工对安全操作知识不了解，操作技术不熟练，或者不能按照正确的规范进行操作。

船舶营运经济效果的好坏与船舶在港口的停泊时间有很大的关系。缩短船舶停港时间是加快船舶周转的重要因素。因此，合理安排货载，使港口能进行快速装卸也成为积载工作中的一项基本要求。这一基本要求在具体处置上主要包括：尽量平衡各舱装卸时间，充分考虑装卸工人操作上的安全方便，节省装卸费用等。

一、尽量平衡各舱装卸时间

由于船舶货舱的容积大小不一，舱形各异，因此各舱装载量及舱内堆装取卸的作业条件各不相同，加之各舱起重设备能力的配置和货物装卸的难易程度也各不相同，所以积载处理不当很容易造成因个别货舱的装卸作业，延长船舶在港的停泊时间。一般在积载时应综合考虑以上各种因素，原则上应使装卸效率高的货物配装在大舱，装卸效率低的装入小舱，以便各舱基本上同时结束装卸，从而缩短整船装卸作业时间。

在中途港有卸载、加载的情况时，除在起运港考虑装载时的舱时平衡外，应在终点港最后卸载和中途各港卸载时同样考虑这一原则。在具体处理上，首先是将各港货物尽可能地分装于各舱；其次根据条件，尽可能多地考虑有关因素决定各舱具体配装情况。

有时，某些货物的装卸问题会影响整船的泊港时间，这些因素也应在考虑舱时平衡中加以注意，如：某些货物要移泊作业；某些转口货物可以在锚地直接进行船到船的装载作业；某些货物是外档过驳作业；某些重大件的装卸与绑扎加固有具体困难等。一般应尽可能减少移泊作业。若有，则应将移泊后单独装卸的货载分散地配在各舱，使作业时间基本平衡。当某种货载只能配装在个别舱内时（转口货在锚地船过船卸载往往要这样配装），则在考虑各舱装卸时间的平衡时，该舱装卸时间可以不包括这些货单独进行装卸的时间。外档过驳作业的货物，应尽量配装在同一舱内，以免增加移动吊杆或驳船的时间，如不能同装一舱，应考虑间隔一个舱配装，以利驳船靠离作业。装重大件的舱内其他货的装卸时间应力求比其他各舱短,以便及时做好装载重大件的准备,并使起卸后的善后处理时间不致影响该舱与其他各舱时间的平衡。间舱内装卸重大件时,其他各舱仍能同时作业,但应考虑到该邻近舱的装卸效率会受影响。

总之,因为整个积载要考虑多方面的因素,加之各舱装卸时间还受港口种种条件的影响,所以对舱时平衡问题的考虑往往只是大致上的。但是,从缩短船舶在港停泊时间的重大意义出发,主观上还应尽量加以考虑。

二、充分考虑操作安全方便性

保证装卸工人操作上安全方便,在舱内主要是安排货位时应使舱内作业有较大的场地,在码头主要是避免或减少装卸机械的交叉往来。

为了使舱内有较大的作业面,一般积载时宜分层处理,它是最为安全省力的方法,既使舱口部位不受阻碍,又使货物在舱内能做水平搬移,分层处理如图11-6所示。反之,如图11-7所示封住半个舱,按前后各自堆叠,则作业面减少,操作不便。但有时因货物到港顺序及货物特点的影响,不能分层装载。此时一般后面港口货物堆积于货舱四周,以保证舱口部位仍不受阻碍,最后装载先到港货物,这种方法在装载后面港口货物时往往不能全部做水平移动,而需上高或搭平面,因而较为费力,但若舱内用铲车作业,则这种积载方法最好。从上述例子看,作业面大小不但影响操作的安全方便,还直接影响装卸的速度。舱内可多配工人,多放货盘,能获得较高的装卸效率。

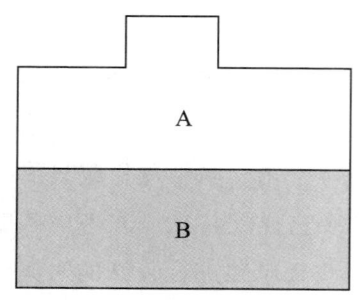

图11-6　分层处理示意

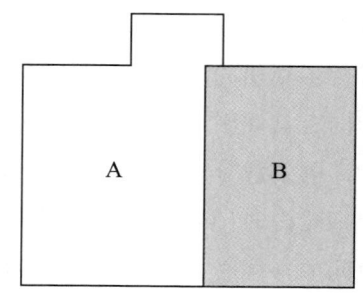

图11-7　各自堆叠示意

为了减轻工人在舱内的劳动强度,单位重量较大的货物不宜堆置于离舱口较远的前后两端,货堆高度(特别是二层舱)应考虑顶部装卸操作的空间,在顶部空舱高度不足一人高时,不宜将操作不便的货物安排在顶部。

避免或减少码头机械的交叉,有利于安全作业和提高装卸效率。当有条件与港口配合时,应在积载计划前了解有关货物在港内的堆存情况,计划时尽可能设法使装舱位置与港内货位相对应,以解决这一问题。

三、节省装卸费用

如上所述,保证船舶快速装卸能加快船舶周转,提高船舶营运经济效果,但事物总是一分为二的,有时单从快速去考虑,结果装卸费用增加很多,往往所增加的装卸费用支出比由于快速周转减少船期损失(船舶维持费)的费用要大,这反而变得不经济。这一问题是应该引起注意的,在具体工作中应做一些比较,然后决定正确的处理办法。例如,有一批为数并不太大的货物到中途港,若单从舱时平衡缩短卸货时间来考虑,把该批货物分散配装在各舱,结果装卸时需要较多的工人以进行多头作业,各舱都有关舱作业等,使装卸费用支出增加,此种配货方案反而是不合算的。

此外,在按货物积载计划图进行装载时,应正确处理快速装载及时离港的问题。在制订积载计划时,已经遵循船舶快速周转的要求做了妥当的安排,在具体装载时应严格按积载计划图的要求进行堆装分隔(由于某些原因要更改积载计划的情况除外)。切忌在装载时盲目地追求快速,而不按计划堆装分隔,这样虽在装货港争取了时间,但在卸货港将浪费时间和增加卸货费用(如因混票造成分等作业),同时往往出现较多的货损,造成经济损失。以上问题应予以足够的注意。

【思考训练】

收集杂货船装卸工艺,用PPT展示。

【思考训练注意事项】

1. 教师安排讨论内容,要求各小组分工明确。
2. 活动分工:各学习团队由队长组织协商,分派工作。

3. 活动开展：学习团队可以利用各种资源进行资料查询。

4. 总结：讨论后，各团队进行资料汇总，并加以整理。

✓【评价标准】

团队名称			
团队分工			
考评标准	内容	分值/分	实际得分/分
	小组分工是否明确	10	
	资料是否详细准确	40	
	PPT制作	20	
	团队协作水平	10	
	演示水平	20	
	合计	100	

项目十二　编制杂货船积载图

内容简介

船舶积载图是船舶运输过程中非常重要的文件,在装载前指导船舶的装卸工作,在装载后依据实际的装载情况编制的积载图在发生事故时,是厘清船、货、港三方责任的重要证明文件。

学习目标

1. 知识目标
(1) 掌握编制杂货船积载图程序。
(2) 熟悉船舶积载图的标识。

2. 技能目标
(1) 能够独立查找资料,并进行资料整理、汇总。
(2) 能够掌握满足中途港卸货顺序的方法。
(3) 能够识读杂货船船舶积载图。

任务一　熟悉杂货船积载图的编制程序

【资料卡】

甲板货

甲板货物,即固定在船舶露天甲板上,包括货舱舱盖、货舱舱口围两舷甲板、货舱舱口围前后甲板上所装载的货物。甲板货物的种类一般包括木材、集装箱、大件设备等。

目前全套系统设备的整体运输越来越普遍,绝大部分以甲板货物的方式进行。虽然在露天甲板上装货,是挖掘运输潜力的一个重要途径。但是甲板货物积载不当,可能在船舶瞭望、舱盖结构强度和人员安全通行等方面造成安全隐患,故在露天甲板积载货物时,须注意以下一些问题。

1. 正确选择货位

甲板货装载部位的选择,必须从货物和船舶的安全以及方便使用船上设备等方面来考虑,主要取决于货物的性质、体积和包装。机车、木材板及其他重大货物,必须在左右舷均衡积载,而且最好装在底下有横向隔舱壁支撑的坚固甲板上,防止船出现横倾及保证局部强度不受损伤;桶装的易燃品,必须装在机舱的前方并远离通风筒,便于观察以利安全;易散发特殊气味的货物,应尽量堆放在驾驶台及船员卧室后部的舱面,减少异味对人体的影响等。

所有露天甲板上堆装的货物,均必须留出必要的行人通道。而且,不得堆积在消防干线的支管、测水管、舷窗、水密门、排水孔、货舱人孔、操作各种阀门的设备等处所,亦不得妨碍起货机、手操舵机和系缆桩等的操作。甲板货的堆装高度,不得影响驾驶台的视线,一般应小于船宽的 1/6~1/5。

2. 注意校核船的稳性

由于在露天甲板装载一定数量的货物,且这些货物的重心位置较高,又增加了船舶的受风面积,必然对稳性产生不利的影响。为此,一定要对甲板货物的数量做必要的限制;必须对稳性做校核;在进行稳性计算时,除了必须计入甲板货本身的重量以外,也不能忽视航行过程中由于甲板上浪,使甲板货吸水、结水及甲板积水对稳性的影响;当露天甲板装货时,常常应打满双层底舱内的压载水,以利改善船舶稳性。

3. 注意校核舱面甲板及舱盖板的局部强度

当舱面甲板或舱盖板强度不满足要求时,要采取加铺衬垫的措施。为防止露天甲板上的自动舱盖板变形漏水,一般舱口盖板上不装重货,必要时只装少量轻货。

4. 注意船舶的横倾及核算船舶的横倾角

当船舶装卸重大件货时,由于船舶一侧受较大的横倾力矩,会使船舶突然发生横倾。如不注意,轻则可使船侧舷梯与码头护板受损。重则可使货物在舱内滚动,造成人身事故及货损,甚至翻船。因此在装卸重大件时,船舶的横倾角一般不宜超过 10°。

5. 注意甲板货物的绑扎和固定工作

船舶在海上航行,受风浪影响会左右前后摇摆,加上甲板货又易受风力和海浪冲击力的作用(舱内货物不受后两力的影响),这些因素的综合作用,会使货物发生位移,而且较舱内货物严重,一旦货物发生位移,不但货物受损,也危及船舶的安全。为防止甲板货物的位移,就必须用绳索等工具加以绑扎固定。

(资料来源:psceady 公众号)

实际工作中,由于船舶类型不同,各航次运输任务不同,船舶积载图的编制程序也有繁有简,不尽相同。这里仅以杂货船为例归纳为如下步骤。

一、编制积载图的准备工作

船舶积载工作是一项细致、复杂而又直接影响船舶安全、货运质量等各个方面的重要工作。要做好这项工作,首先必须做到"情况明",即必须充分熟悉有关情况和资料。因此,积载人员在编制积载图以前,必须进行调查研究,做好充分的准备工作,即熟悉船舶、货物、港口、航线等情况和有关资料。

1. 船舶资料

(1) 船舶的主要尺度。

（2）货舱结构及货舱长、宽、高尺寸，各层甲板安全负荷量。

（3）舱口位置、尺度、吊杆负荷量及舷外跨度。

（4）船舶各货舱、燃料舱、淡水舱、压载舱的位置、容量以及其重心垂向高度和纵向距中距离。

（5）空船重量、船舶常数以及其重心高度和纵向距中距离。

（6）船舶静水力曲线图、载重表、计算吃水差表尺。

（7）船舶航行和停泊每天消耗燃料和淡水吨数。

（8）船舶对积载的特殊要求及各船历来积载经验数据，如适度的初稳心高度值及吃水差值，满足纵向强度、稳性、吃水差要求的各货舱及各层舱重的分配比例等。

2. 货物资料

货物名称、数量（质量、件数）流向、包装规格、积载因数、估算体积、货物理化特性及对运输保管的要求。

3. 航线、港口情况

（1）本航次所经的海区及港口泊位的水深，有无浅水区及其限制吃水。

（2）港口码头泊位情况、装卸设备条件、库场分布及使用情况、生产组织情况、操作条件、燃物料及淡水供应情况等。

上述的大部分资料都是负责积载的人员平时不断积累起来的。掌握了充分的资料，使用时就得心应手。但是积载人员不应满足于已有的现成资料，还必须经常深入现场，了解第一手资料。

二、编制积载图的步骤

在做好上述准备工作的基础上，可按下列具体步骤编制积载图。

1. 校核航次货运任务与船舶装载能力是否匹配

（1）审核装货清单（或装船货物通知单）上所列货物的质量、体积、尺码及其总和是否正确。

（2）核查装货清单所列货物的总质量和总体积（包括亏舱容积）与船舶的净载质量和货舱总容积是否相适应，即船舶的净载质量应大于或等于货物的总质量，货舱总容积应大于或等于货物的总体积，以确定货物能否全部被装上船。

2. 确定各货舱、各层舱载货质量

在确定本航次所承运的货运量后,接着就要确定各个货舱及各层舱应该配货质量。如前所述,各货舱分配货物的质量影响着船舶的强度和吃水差,而各层舱分配货物的质量则影响船的稳性及适航性,即从纵强度的要求来说,各舱的载货质量应该按各货舱容积所占总舱容积的百分比来分配(或在实践中直接总结出各货舱装货量的百分比)。从满足稳性要求的角度来看,底舱与二层舱、上甲板货物的质量分配,也均根据经验数据按一定的比例进行。

3. 向各舱安排货物

向各舱安排货物是积载工作中保证货物完整,提高货物质量的重要环节。为了使货物配舱工作顺利进行,在具体向各舱分配货物之前,首先应将装货清单(或装船货物通知单)所列的货物性质按运输保管要求、积载因数大小、到港先后等进行归纳、分类,并按目的港把全部货物大体上分成关键性货物(需要特殊处理的货物)和一般货物。然后根据各舱分配的质量和货舱条件(舱容大小、舱口尺寸、吊杆性能、甲板及底舱负荷等),以及装卸操作方法等向各舱具体分配货物。

具体分配货物时,首先要准备一张船的纵剖面草图,注明上一步骤各舱分配的货物吨数和舱容,以便对照计算以后分配进舱的货物数量。然后分配关键性货物,不安排好这类货物的舱位,其他货物的舱位就不好解决。关键性货物一般是批量很大要占很多舱容的大宗货、危险品、流质货物、易碎货物,以及性质特殊,不能与某些其他货物混在一起的忌装货物等。最后配一般货物,也就是在舱位安排上没什么特殊要求的货物。货物配进舱后,草图上注明货物名称、质量、件数(或容积)以及到港等。

在货物初步配舱时,仅按经验数据控制各舱分配货重来满足船舶纵强度、稳性和吃水差的要求,并不十分有把握,最后还需要通过计算才能确定分配方案是否符合这三方面要求。如不符合要求,则需要进行调整。因此,在绘制积载草图时,应当留出供调整用的货批和舱位。一般可以留出 1~2 批机动货(对于大型船舶,其机动货批的质量大约是船舶载质量的 1%~2%),并在首、尾货舱留出足够的机动舱位。

4. 全面核查

初步配舱工作完成以后,应按照装货清单全面核查,防止漏配和其他差错;对照各货舱、各层货舱质量控制数值,全面核查各货舱、各层舱所配货物质量是否符合要求;比较各舱所装货物的体积是否小于舱容;左右舷装载是否基本平衡;各层甲板及舱盖部分的局部强度是否得到保证;各货舱内所配货物是否有互抵性;各中途港的货物是否卸得下来;装卸货物是否有困难等。如发现不合要求,应进行调整。

5. 校验和调整船舶纵强度、稳性和吃水差

以上货物配置的过程,是在保证船体纵强度、稳性和吃水差大体上没有问题的前提下进行的,但实际情况与预计总要有些出入,为保险起见,在初配工作完成并经过核查以后,还应根据积载草图中各批货物的质量、位置以及本航次装载的油水、储备品的情况校验稳性、强度以及吃水差是否符合要求,如有问题,要进行必要的调整。

如果积载人员认为按各舱经验比例数配货,对船舶纵强度、稳性和吃水差有充分的把握,亦可不进行核验。

6. 绘制正式积载图

经过核查、校验、调整,积载方案被认为已符合要求,就可绘制正式积载图。编制好的货物积载图,经船长批准后,就作为指导船舶装货工作的文件。

【思考训练】

掌握船舶积载图编制的步骤,学会一般的杂货船积载。

【思考训练注意事项】

1. 教师安排讨论内容,要求各小组分工明确。
2. 活动分工:各学习团队由队长组织协商,分派工作。
3. 活动开展:学习团队可以利用各种资源进行资料查询。
4. 总结:讨论后,各团队进行资料汇总,并加以整理。

✅【评价标准】

团队名称			团队负责人	
团队分工				
考评标准	内容		分值/分	实际得分/分
	小组分工是否明确		10	
	资料是否详细准确		20	
	积载图识读		20	
	团队协作水平		10	
	积载水平		40	
	合计		100	

任务二　杂货船积载图识读

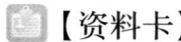【资料卡】

重大件货物运输

重大件货物是货物的单件质量或单件尺度超过规定限额的货物,如大型设备、机车车辆等。国际标准规定,凡单件质量超过40 t或单件长度超过12 m或单件宽度或高度超过5 m的货物为重大件货物。我国规定,国际航运中凡单件质量超过5 t或单件长度超过9 m的货物和沿海运输中凡单件质量超过3 t或单件长度超过12 m的货物,均属于重大件货物。由于重大件货物单件重或尺度大的特点,装运时有其特殊的要求。制订装载计划时应特别注意以下问题。

1. 正确选择舱位和货位

重大件货物的装载位置,应从保证货物和船舶的安全及便于作业和使用船舶重型装卸设备等方面考虑,根据货件的具体情况,重大件货物可以配置于舱内或上甲板。当配置于舱内时,应选择舱口尺度较大且有重型起货设备的中部货舱;当配置于二层舱时,要注意货件高度不能大于二层甲板至舱口纵桁材下缘的高度;当配置于上甲板时,应选择重型装卸设备够得着的部位(不用船上设备者除外),其堆装位置应不妨碍甲板部的正常工作,不影响驾驶台的瞭望视线,且不能堆装在舱盖上;怕水的重大件货物应配置在不易上浪的部位;重大件货物装载时都应注意左右均衡。确定重大件货物的装载位置时,还应考虑有利于货件的系固。很高大的重大件货物不宜配置于紧贴船壳和舱壁的部位,以利于货件的系固。

2. 校核拟装部位的局部受力,使之满足局部强度条件

在普通杂货船上装载重大件货物,装载部位一般不能承受直接堆装重大件货物的负荷,为满足局部强度,必须预先进行校核,以防船体局部构件受损。

3. 校核船舶初稳性和最大横倾角

用船上设备装卸重大件货物时,应校核其对船舶初稳心高度的影响及核算船舶可能产生的最大横倾角,并保证其不超出允许范围。

一、杂货船积载图绘制要求

杂货船积载图需按照一定的格式绘制,且要求清晰、简单、明确、易懂。图 12-1 为某杂货船积载图。

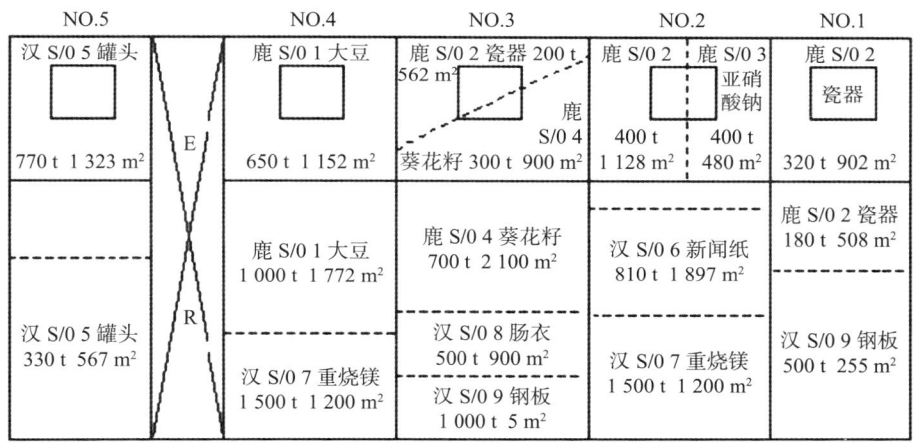

图 12-1 某杂货船积载图

杂货船积载图的格式和填写有如下要求。

(1) 积载图上应写明船名、航次、始发港、按顺序停靠的中途港、终点港以及始发港开航前的艏、艉吃水和平均吃水。在积载图上方两侧的表格内应写明各目的港货载在各舱的分布数量及总质量和航次货载在各舱、各层舱内分布的吨数和件数等。

(2) 对各批货载,在船图上应标明:到港名称、关单号码、货名、质量、件数及包装形式等。填写的位置大体上要和计划堆装的位置相符,在图上所占的面积大小,应大致与该票货物的体积相当。

(3) 货物装卸时应注意的问题,如衬垫、隔票、铺盖、防堵及其他某些货物在装卸时须特殊处理的问题等,应在积载图下面的备注栏内加以说明,以便引起港口管理人员在组织装卸货及船上值班人员在看舱时注意。编妥后的货物积载图,经船长批准同意后,就作为指导船舶装货工作的文件。

二、积载图图例识读

(1) 为了能清楚地表示出货物的装载位置,一般,底舱部位以正视图表示,货舱不大的二层舱以顶视图表示。各批货载之间以虚线分隔。在顶视图上以斜虚线划分货物的上下层部位,被划为正三角形的部位表示装在下层,倒三角形的部位表示装在上层;在正视图中,以斜虚线划分货物的左右舷部位,面向船首,以斜虚线为界,左边部位表示装于左舷,右边部位表示装于右舷。其标示方法一般如图12-2至12-5所示。

(2) 当航次的中途港较多时,不同到港货物的配舱位置可以用不同颜色加以区别,一种颜色代表一个目的港的货物。有些需要专门衬垫的货物,也应画出明显的标记。有时在舱内或舱面装载机械、车辆、成套设备等尺度较大的重件,为保证货物按计划堆装,必须将按计划配置的重大件的具体位置用附表说明。必要时在舱内或舱面先画出相应位置,以便指导装载操作。

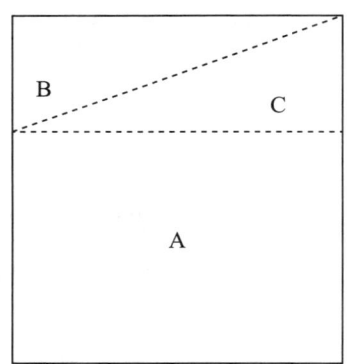

图12-2 A货在下部,B货在上部左舷,C货在上部右舷

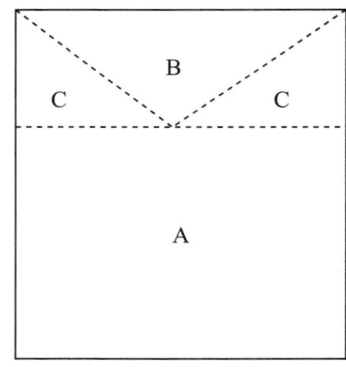

图12-3 A货在下部,B货在上部中间,C货在上部的两舷

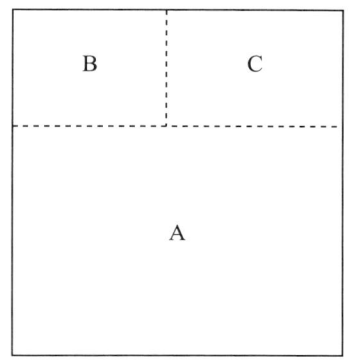
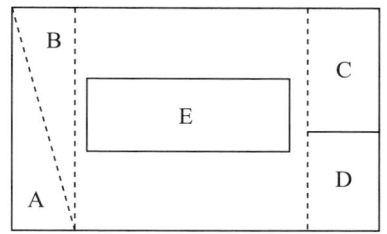

图 12-4 A 货在下部,B 货在上部的后半舱,C 货在上部的前半舱

图 12-5 A 货在舱后部的下面,B 货在舱后部的上面,C 货在舱前部的左舷,D 货在舱前部的右舷,E 货在舱的中部

【思考训练】

选择一份编制好的杂货船积载图进行识读。

【思考训练注意事项】

1. 教师安排讨论内容,要求各小组分工明确。
2. 活动分工:各学习团队由队长组织协商,分派工作。
3. 活动开展:学习团队可以利用各种资源进行资料查询。
4. 总结:讨论后,各团队进行资料汇总,并加以整理。

【评价标准】

团队名称		团队负责人	
团队分工			
考评标准	内容	分值/分	实际得分/分
	小组分工是否明确	10	
	资料是否详细准确	20	
	PPT 制作	20	
	团队协作水平	10	
	积载图识读水平	40	
	合计	100	

项目十三　编制集装箱船积载图

内容简介

随着集装箱船舶尺寸越来越大，靠泊时间不断缩短，安全有效的配载规划也变得越来越复杂，传统的配载已被日益先进的配载软件所取代。快速的识读积载图，对于码头、船舶相关工作人员有重要的意义。

学习目标

1. 知识目标
(1) 掌握编制集装箱船舶积载图程序。
(2) 熟悉集装箱船舶积载图的标识。

2. 技能目标
(1) 能够独立查找资料，并进行资料整理、汇总的能力。
(2) 能够掌握满足中途港卸货顺序的方法。
(3) 能够识读集装箱船舶积载图。

任务一　集装箱船配积载原则认知

【资料卡】

箱容量大小的指标

1. 换算箱容量

换算箱容量指船舶所能承运各类国际标准集装箱的最大换算箱容量。这是一项表征集装箱船规模的重要指标。

2. 20英尺箱容量

20英尺箱容量指集装箱船所能承运20英尺箱的最大箱位数（TEU），也称国际标准箱单位。通常其不等于船舶的标准箱容量，这是因为许多集装箱船上都设计有一些仅适合装载40英尺集装箱的箱位。

3. 40英尺箱容量

40英尺箱容量指集装箱船所能承运40英尺箱的最大箱位数（FEU）。其并非船舶标准箱量的一半，因为集装箱船每个货舱长度往往难以都被设计成安排40英尺箱位所需长度的整数倍。

4. 特殊箱容量

船舶承运如危险品箱、冷藏箱、非标准箱、平台箱等特殊箱数量的最大限额，即为特殊箱容量。集装箱船的危险品箱装载容量有一定限制。同一船舶常常有些货舱的设计决定了不容许装载任何危险品箱，另一些货舱的设计则仅限于装载《国际危规》定义的某几类危险品箱。因此，在为集装箱船选配仅限于舱内积载的危险品集装箱时，必须考虑船舶的这一限制条件。冷藏集装箱装船后多数需要船舶电站连续提供电源。受船舶电站容量和电源插座位置的限制，每一集装箱船所能承运的冷藏箱最大数量和装箱位置通常是确定的。

5. 巴拿马运河箱容量

巴拿马运河当局规定，过运河的任何船舶不得因舱面堆装货物而阻挡驾驶台的瞭望视线。这样,多数集装箱船的舱面前部有不少箱位将阻挡驾驶台的瞭望视线,因而,过运河前这些箱位将不得使用,从而使船舶的装箱容量减少。

一、充分利用船舶的装箱容量和净载质量

在集装箱箱源充足的条件下,提高集装箱船的箱位利用率,充分利用集装箱船的净载质量,是提高集装箱船营运经济效益的重要途径。

1. 提高集装箱船的箱位利用率

与编制杂货船积载计划相类似,当航次箱源较多时,校核集装箱船的装箱容量与航次订舱单所列的集装箱数量是否相适应,是编制集装箱船预配积载计划第一步中的一项重要内容。提高集装箱船的箱位利用率的主要途径如下:

(1) 集装箱船预配时,如船舶离港状态箱源数量接近船舶标准箱容量,应当注意核对订舱单上该离港状态的 20 英尺箱数量和 40 英尺箱数量与船舶 20 英尺箱容量和 40 英尺箱容量相适应,以提高船舶的箱位利用率。

(2) 为提高在中途港承载该港以后卸港的集装箱承载能力,减少或避免集装箱的捣箱数量,在箱位选配时,应尽量保持不同卸港集装箱垂向选配箱位和卸箱通道各自独立。

(3) 当需由船舶供电制冷的冷藏集装箱数量超过船舶额定冷藏集装箱容量时,其超出船舶供电容量的冷藏箱应改换成能自行发电制冷的冷藏箱;或者船上配备一定数量的定时器,其作用是实现在一定时间间隔内自动交替向其连接的两个冷藏箱之一提供电源;或者根据装箱港条件,对超容量冷藏箱数量、船舶装载状况等资料进行经济论证,以确定能否承租载于舱面的流动电站集装箱,用以向超容量冷藏集装箱提供电源,以提高船舶承载冷藏集装箱的能力。

(4) 在装箱港箱源充足的条件下,选配特殊箱箱位时,应当尽量减少承运这类货箱引起的箱位损失数量。例如,在条件许可时,可以将原安排于舱内占用垂向两个箱位的超高集装箱,选配于舱面的顶层,以减少舱内箱位的损失。

2. 充分利用集装箱船的净载质量

当航次承运的集装箱总质量较大或船舶吃水受航线水深限制时,校核航次订舱单所列的集装箱总质量与集装箱船的净载质量是否相适应,是编制集装箱

船预配计划第一步中的另一项重要内容。集装箱船的净载质量计算式为

$$W_{NDW} = W_{DW} - \sum G - C - B$$

式中：B 是为满足船舶稳性要求而必须打入的压载水质量。在集装箱船预配时，准确地估计所需打入压载水的质量，需要一定的积载经验。在缺乏经验时，可以参考船舶的稳性报告书或借助装载计算机进行估算。船舶常数 C 通常较大，这是因为 C 中包括了船舶所有非固定系固设备的质量。

集装箱船在箱位接近装满时，船舶重心往往很高。此时，为降低船舶重心高度获得适度稳性，就需要在压载舱内打入大量压载水，导致船舶净载质量大幅减少。因此，努力提高集装箱船配积载计划的编制水平，合理确定不同卸港轻重集装箱在舱内和舱面的配箱比例，减少用于降低船舶重心所需打入的压载水质量，是增加集装箱船净载质量的主要措施。

二、满足集装箱船的稳性要求

集装箱船由于要求舱形方整，导致船舶容积的利用率降低。为提高装箱能力，集装箱船通常将占总量 1/3~1/2 的箱位安排于舱面。这将引起船舶重心上升，水线以上受风面积增大，对船舶稳性不利。因此，营运中的集装箱船除必须具有足够的稳性外，又不宜使其初稳心高度过大，以免船舶剧烈摇摆使集装箱所受惯性力过大而对系固设备产生不利的影响。保证集装箱船适度稳性的方法是控制舱内和舱面所装集装箱的质量处于合适的比例范围内。对于不同船舶和同一船舶在不同排水量条件下，这一合适比例是不同的，可以通过计算或长期配积载实践的资料积累获得。例如，全集装箱船在满载状态下，舱内装箱的总质量通常取全船装箱总质量的60%或以上。

三、合理确定各类集装箱箱位和舱位

编制集装箱船配积载计划时，首先需要熟悉航次箱源的挂港数量、平均箱重、特殊集装箱对运输的要求等；随后总体上划定各挂港集装箱在船上的装箱区域；最后按"特殊箱先配，普通箱后配，后到港箱先配，先到港箱后配，下重上轻、下强上弱"的原则，逐一为每一待装集装箱选定合理的具体箱位。

1. 特殊集装箱的箱位选配原则

1）危险品集装箱的箱位选配

（1）危险品集装箱之间的隔离。根据箱内所装危险货物的正确学名或联合国编号,查《国际危规》确定其所属危险品类别号,并由类别号查《国际危规》中包装危险品的隔离表确定其隔离等级,然后,按照《国际危规》规定的危险品集装箱的隔离表(表13-1)确定不同危险品集装箱之间的具体隔离要求。

表13-1中,"封闭式"指封闭式集装箱,意为采用永久性的结构将内装货物全部封装在内的集装箱,其不包括具有纤维质周边或顶部的集装箱。"开敞式"指开敞式集装箱,意为非封闭式集装箱。"一个箱位"指前后不小于6 m,左右不小于2.4 m的空间。

（2）危险品集装箱与包装危险货物之间的隔离。《国际危规》规定:包装危险货物与开敞式危险品集装箱之间的隔离,应遵照包装危险货物之间的隔离表要求执行;包装危险货物与封闭式危险品集装箱之间的隔离除下列情况外,仍遵照包装危险货物之间的隔离表要求执行。①要求"远离"时,包装危险货物与封闭式危险品箱之间无隔离要求;②要求"隔离"时,包装危险货物与封闭式危险品箱之间按包装危险货物隔离表中的"远离"要求执行。

2）冷藏集装箱的箱位选配

冷藏集装箱多数在其箱位附近需要设置外接电源插座和监控插座,因此,船舶所能提供的此类箱位和数量是确定的,通常位于船中和船后部的舱面,且避开船舶左右舷最外一列箱位的下面几层。具体箱位可以查阅船舶资料确定。在此类箱位的船舷外侧应当选配几层通用集装箱作遮挡,以防止冲上甲板的海浪对冷藏箱制冷设备的冲击。

3）超高集装箱的箱位选配

集装箱船货舱的有效高度多按8.5英尺(趋向于按9.5英尺)箱高的整数倍再加少许余量设计。因此,舱内选配超高集装箱时,应当校核该处箱体总高度是否小于货舱的有效高度。若超过,则应相应减少其装箱层数。软顶超高箱防水性较差应尽量选配于舱内,如果这类箱箱内货物堆装高度超过集装箱角件的高度时,那么无论选配于舱内或舱面,其箱顶部都不宜堆装任何其他集装箱而必须选配于最上一层。

表 13-1 危险货物集装箱的隔离表

隔离要求	垂直			方向	水平					
	封闭式与封闭式	封闭式与开敞式	开敞式与开敞式		封闭式与封闭式		封闭式与开敞式		开敞式与开敞式	
					舱面	舱内	舱面	舱内	舱面	舱内
"远离"1	允许一个装与另一个上面	允许敞开式与封闭式上面，否则按开敞式的要求装载	除非以一层甲板隔离，否则不允许同一垂装线上①	艏艉向	无限制	无限制	无限制	无限制	一个箱位	一个箱位或隔离一个舱壁
				横向	无限制	无限制	无限制	无限制	一个箱位	一个箱位
"隔离"2	除非以一层甲板隔离，否则不允许同一垂装线上①	按开敞式和开敞式的要求装载		艏艉向	一个箱位	一个箱位或隔离一个舱壁	一个箱位	一个箱位或隔离一个舱壁	一个箱位②	隔离一个舱壁
				横向	一个箱位	隔离一个舱壁	一个箱位②	隔离一个舱壁	两个箱位②	隔离一个舱壁
"用一个中间舱室或整个货舱隔离"3	禁止			艏艉向	一个箱位②	隔离一个舱壁	一个箱位②	隔离一个舱壁	两个箱位②	隔离两个舱壁
				横向	两个箱位②	隔离一个舱壁	两个箱位②	隔离两个舱壁	三个箱位②	隔离两个舱壁
"用一个中间于整个货舱或货舱隔离"4				艏艉向	最少水平距离 24 m②	隔离一个舱壁且水平距离不小于 24 m③	最少水平距离 24 m②	隔离两个舱壁	三个箱位	隔离两个舱壁
				横向	禁止	禁止	禁止	禁止	禁止	禁止

注：所有舱壁和甲板均应是防火防液的。
① 对于无舱盖集装箱货船，《国际危规》定义为"不允许在同一垂线上"。
② 对于无舱盖集装箱货船，《国际危规》定义为"一个箱位且不在同一货舱上"。
③ 集装箱距离中间舱壁不少于 6.0 m。

4）超长集装箱的箱位选配

对于舱内设置固定箱格导轨的集装箱船,因舱内每一箱格通常设有横向构件,无法装载超过箱格长度的超长箱。因此,20英尺的超长箱可以选配于舱内40英尺箱位,但40英尺的超长箱通常只能配于舱面。

5）超宽集装箱的箱位选配

超宽集装箱可以选配于舱面,能否装于舱内,取决于货舱的箱格结构和入口导槽的形状和尺寸。一般对于中部超宽,两端 50 cm 范围内不超宽的集装箱,可以选配于舱内;但对于货舱箱格结构之间设有纵向构件的集装箱船,则舱内不能装载此类箱。无论舱内或舱面,当超宽箱的超宽尺度小于该行与相邻列位之间的空隙时,则该超宽箱不占相邻箱位;反之,箱内超宽货物将伸至相邻箱格中,相邻箱位必须留出空位。

6）通风集装箱的箱位选配

为便于箱内货物的自然通风和监控,此类箱通常应选配于舱面,而且应当选择能避开冲上甲板并经通风口灌入箱内的海浪的箱位。对于装载兽皮的通风集装箱,为避免箱内温度过高引起货物腐败变质,应避免选配于受阳光直射的甲板最上一层。

7）动物集装箱的箱位选配

动物集装箱因耐压强度较弱,其上通常不得堆装其他货箱。应选配于通风良好的舱面,但为减少风浪的袭击,周围须以其他货箱作遮蔽,也可以将饲料箱选配于动物箱的两侧。此外,所选的箱位还应供水方便,周围留有便于在航行中清扫和喂料的通道,而且能满足最后装、最先卸和不妨碍其他集装箱作业的要求。

2. 危险品集装箱的舱位选配

舱面承运危险品集装箱的优点:运输中观察方便;通风条件良好,箱内若有有毒气体逸出时易于被驱散;若装载腐蚀品的集装箱有渗漏时,危害较小而且处置方便;遇危急情况时,有可能打开箱门采取抛货措施。

舱内承运危险品集装箱的优点:遮蔽条件好,不会受到海浪冲击;环境温度较低而且相对稳定;航行途中遇火灾时,可施放 CO_2 扑灭。

《国际危规》规定:装有可挥发易燃蒸气危险货物的封闭式或开敞式集装箱

如果选配于舱内,那么,不应与可能提供火源的冷藏或加热集装箱装在同一舱室中;如果选配于舱面,那么,这类封闭式箱在纵向和横向都应与这些可能的火源保持至少不小于 4.80 m 距离,这类开敞式箱与这些可能的火源应"隔离一整个舱室或货舱"的距离。装有海洋污染物的集装箱,应尽可能选配于舱内;若只限于舱面装载时,则应优先选配于舱面防护或遮蔽条件良好的处所。装有第 4.3 类遇水放出易燃气体物质和有温度控制要求的危险品集装箱,其选配的箱位应能避免受阳光直射,保持阴凉,温差变化较小和不易受上浪海水冲击。装有"如有可能卷入火灾,应将货物投弃"这类消防建议货物的集装箱,当数量相当多时,应尽可能远离居住处所和驾驶区域;当数量较少时,应尽可能选装于舱面,且其箱门应在易于被打开的位置,以便于遇危险时用人力将包件从集装箱中取出并加以投弃。

3. 普通集装箱的箱位选配原则

1) 垂向箱位选配

重箱、强结构箱应配于下层,轻箱、弱结构箱应配于上层。舱面应尽量选配新箱、强结构箱,舱内多配旧箱、弱结构箱。40 英尺箱上面不得配装非 40 英尺箱(主要是 20 英尺箱),否则会造成被压的 40 英尺箱顶板和上侧梁等结构受损。纵向两个高度不同的 20 英尺箱之上除非增设高度补偿器,否则仅在两个箱的角件处于同一水平面时才能配装 40 英尺集装箱。

箱位选择需要满足集装箱船局部强度(堆积负荷)的要求。在集装箱船的资料中均提供有舱面和舱内设计的每一堆装集装箱的四个底座上最大允许负荷量数据。因此,在确定集装箱垂向箱位时,应当满足每堆集装箱总重不得超过集装箱船装箱底座的最大允许负荷量要求。

确定集装箱垂向箱位时,应当注意控制舱内和舱面所配集装箱重量的合适比例,以保证船舶的稳性处于适度的范围内。

箱内装载易出"汗水"或有温度控制要求货物的集装箱,应选配于温度较稳定的舱内箱位。如必须配于舱面时,则应尽量避免选配于温差变化较大的上甲板顶层箱位。

有些运河当局制定的船舶过运河收费规则规定,集装箱船通过运河将随船舱舱面集装箱堆装最高层数的不同加收一定百分比的额外运河通航费。因此，集装箱船在通过这类运河前，应适当考虑过运河的特殊收费规定，在可能的条件下，采取措施以减少运河通航费的支出。

2）纵向箱位选配

纵向箱位选配应当满足船舶的纵强度和适当的吃水差要求。当船舶资料中提供有最佳纵倾数据时，则应尽量调整船舶的纵倾至推荐的最佳状态。此外，还应当兼顾满足集装箱的快速装卸要求。为保证驾驶员具有良好的瞭望视线，舱面驾驶台前部集装箱的堆装层数，要求满足 IMO A.708(17) 文件的规定，即船舶驾驶台瞭望盲区不得超过 2 倍船长。

3）横向箱位选配

横向箱位选配应尽量保证各卸箱港集装箱在每一行（排）位上集装箱重量对船舶中纵剖面的力矩代数和接近于 0，以满足船体扭转强度以及船舶在每一离港状态下无初始横倾角的要求。对于舱面无箱格导轨的集装箱船，当舱面无外层堆码或两列箱横向空当较大（特别是超过 5 m）时，即受风压影响的集装箱箱位，应选配轻箱（特别是上层箱位），并尽可能选配 20 英尺集装箱（所受风压约为 40 英尺箱的一半），这样，在同样系固条件下，能增加这类箱位所装箱的系固可靠性。

四、满足集装箱装卸顺序和快速装卸的要求

集装箱船多以班轮形式投入营运，中途常有一个以上挂港，港口常常多线作业，装、卸同时进行，港口作业机械效率很高，船舶在港停泊时间短。因此，合理选配箱位，满足集装箱装卸顺序和快速装卸要求，对确保船舶安全准班，减少不必要的港口费用支出具有重要意义。

1. 避免或尽量减少中途港发生捣箱现象

编制集装箱船预配积载计划时，要有全航线的整体观念，要对船舶在整个航线的挂港顺序和各挂港的箱源情况进行综合考虑。应当避免后卸港集装箱压住先卸港箱或堵住先卸港箱卸箱通道的现象出现，否则将产生捣箱现象。应当特别注意的是，有些航线上同船运输的相同卸箱港集装箱，因港内有多个卸箱泊位或采用不同的卸箱方式（如一部分特定箱采用码头卸箱，而另一部分箱采用错

地驳卸),如不留意也会出现捣箱现象。为避免或尽量减少中途港发生捣箱现象,应当注意集装箱船舶的舱盖形式和一些港口的特殊规定对不同卸港集装箱箱位选配的影响。

2. 尽力满足快速装卸要求

集装箱船的装卸作业多采用岸上高效的集装箱装卸桥。大型集装箱船有时采用多达 5 台以上装卸桥同时并排作业。但装卸桥的结构特点不容许两台装卸桥紧靠在一起作业,必须至少纵向间隔一个 40 英尺行箱位。因此,在集装箱箱位选配时,应当考虑此因素,以满足其快速装卸要求。

当船舶在港作业量较大时,应当根据集装箱泊位的装卸桥作业台数,均衡分配船上各台装卸桥作业区域的集装箱作业量(主要以自然箱数计算),以缩短船舶装卸作业时间。当船舶在港作业量很少时,若条件许可,其箱位应尽量选配于舱面,以减少开关舱作业量。20 英尺箱和 40 英尺箱在每一行位的舱内和舱面上应当尽量保持各自对船舶纵中剖面的力矩接近于 0,以免装卸中为减少船舶横倾角而需多次调整装卸桥自动吊具尺度和增加装卸桥大车沿岸移动及其对位时间。

当船舶停靠的泊位装卸作业可同时进行时,船上同一泊位卸载箱和装载箱的箱位应选配于相近位置,以减少装卸桥吊具空返次数和装卸桥大车沿岸移动及对位时间。对于靠泊具备一次起吊 1 层 2 个或 2 层 4 个 20 英尺箱吊具的某些港口的集装箱船,20 英尺集装箱的箱位应当成对选配,以发挥这类装卸机械的作业效率。对于一些需要特殊吊具操作的特殊集装箱(如超高箱或平台箱),其箱位应选配于相近位置,以减少在集装箱自动吊具上更换附属吊具的次数。

【思考训练】

收集集装箱船特殊集装箱配载方案,每个小组选择其中一种给大家讲解。

【思考训练注意事项】

1. 教师安排讨论内容,要求各小组分工明确。
2. 活动分工:各学习团队由队长组织协商,分派工作。

3. 活动开展：学习团队可以利用各种资源进行资料查询。

4. 总结：讨论后，各团队进行资料汇总，并加以整理。

☑【评价标准】

团队名称		团队负责人	
团队分工			
考评标准	内容	分值/分	实际得分/分
	小组分工是否明确	10	
	资料是否详细准确	40	
	PPT 制作	20	
	团队协作水平	10	
	演示水平	20	
	合计	100	

任务二　集装箱船积载图编制与识读

【资料卡】

集装箱船箱位编号

为准确地表示每一集装箱在船上的装箱位置，以便于计算机管理和有关人员正确辨认，集装箱船上每一装箱位置均应按国际统一的代码编号方法表示。目前集装箱船箱位代码编号是采用 ISO 9711－1：1990 标准。它是以集装箱在船上呈纵向布置为前提，每一箱位坐标以 6 位数字表示。其中：最前 2 位表示行号（或称为"排号"）；中间 2 位表示列号；最后 2 位表示层号。行号、列号和层号的每组代码不足 10 者在前一位置 0。

1. 行号（Bay No.）

行号作为集装箱箱位的纵向坐标。自船首向船尾，装 20 英尺箱位上依次以 01、03、05、07……奇数表示。当纵向 2 个连续 20 英尺箱位上被用于装载 40 英尺集装箱时，则该 40 英尺集装箱的行号以介于所占的 2 个 20 英尺箱位奇数行号之间的一个偶数表示。例如：在船舶的 03 行上装载某一 20 英尺集装箱时，则该箱的行号即为 03；若在 03 和 05 两个行上装载某一 40 英尺集装箱时，则该箱的行号就以介于 03 和 05 之间的 04 这一偶数作为其行号。

2. 列号（Row No. or Slot No.）

列号作为集装箱箱位的横向坐标。以船舶纵中剖面为基准，自船中向右舷以 01、03、05、07……奇数表示，向左舷以 02、04、06、08……偶数表示。若船舶纵中剖面上存在一列，则该列列号取为 00。

3. 层号（Tier No.）

层号作为集装箱箱位的垂向坐标。舱内以全船最低层作为起始层，自下而上以 02、04、06、08……偶数表示。舱面也以全船最低层作为起始层，自下而上以 82、84、86、88……偶数表示。舱内和舱面非全船最低层的层号，大致上以距船舶基线高度相同、层号相同为原则确定。

全船每一装箱位置,都对应唯一的以6位数字表示的箱位坐标;反之,一定范围内的某一箱位坐标,必定对应船上一个特定而唯一的装箱位置。例如,某一集装箱的箱位号为"080382",该箱为40英尺箱,纵向位于自船首起的第4和第5(行号07和09)2个20英尺箱位上,横向位于自船纵中剖面起向右舷的第2列上,垂向位于舱面的最下层。

一、集装箱船配积载流程

1. 编制集装箱船航次订舱单

航次订舱单(Booking List)是船公司航(箱)运部门或其代理根据货主的托运申请为特定船舶的具体航次分配待运集装箱的清单。该清单通常按不同卸港、重量和不同箱类型列出,对特殊箱有必要的备注。在编制订舱单时往往由于许多货物还未完成装箱,因此,清单上还无法提供集装箱箱号和其他一些细节内容。

2. 编制集装箱船积载计划

集装箱船在港停泊时间短,积载计划编制的工作量大,船舶性能指标核算的要求高,装卸公司在船舶装箱前通常需要在堆场上对集装箱堆码位置和顺序进行调整以适应集装箱的装船顺序。因此,编制集装箱船积载计划,通常需要借助计算机,在船公司或其代理、装卸公司以及集装箱船船长和大副共同参与下,依靠现代化通信手段进行文件传送,并经历预配、初配和审核三个过程才能完成。

1) 预配

装箱船的航次预配工作由船公司配积载部门、船舶代理或集装箱船大副承担。其任务是将航次订舱单上所列的每一集装箱,按照集装箱箱位选配的基本原则,满足装卸顺序和快速装卸等要求,在集装箱船的行箱位总图上做一大致安排,并绘制船舶预配积载图。该图所确定的航次装载方案通常需在计算机上经集装箱船装载计算系统的粗略核算,以保证船舶各项性能指标符合要求。该图绘制后须及时送交集装箱装卸公司。

2）初配

为保证航次装船集装箱在码头堆场上的堆码顺序与集装箱预配积载计划确定的集装箱装船顺序相吻合，集装箱装卸公司在收到集装箱预配积载计划后，将着手编制集装箱船的初配积载计划。该项工作通常由装卸公司集装箱配载部门承担。

为保证集装箱装船过程有序而快速，在装船前装卸公司通常需要将装船集装箱按一定顺序安排于码头特定的堆场上，并编制集装箱装船顺序表。

装卸公司的集装箱配载员根据装船集装箱在堆场上的堆码状况，在既能满足集装箱预配积载计划的总体要求，又能减少码头堆场集装箱作业量的条件下，借助集装箱船计算机装载计算系统，在集装箱船的行箱位总图和行箱位图上按上述规定格式填入详细的集装箱数据。在集装箱初配积载计划中的行箱位图上，除标注有集装箱的卸港、箱重、箱号、备注以外，还通常标注有集装箱在码头堆场上的箱位编号，以方便集装箱的装船作业。

3）审核

集装箱船舶的船长和大副需要了解航线状况、本船航次油水的配置与消耗、船舶的装载特性、途中各挂靠港的作业特点等细节内容，并对船舶和集装箱的运输安全负责。因此，由集装箱装卸公司编制的集装箱船初配积载计划必须在集装箱装船作业开始前送交集装箱船船长和大副做全面审核。

船长和大副在船舶计算机上利用集装箱装载计算系统进行船舶各项性能指标的全面核算。若对初配积载计划有任何修改意见，船方应通过代理或直接与装卸公司协商解决。

船长和大副对集装箱船初配积载计划审核通过后，常常根据航线条件和船上货物系固手册中推荐的集装箱系固方案，在积载计划的行箱位总图和行箱位图上使用特定符号绘制集装箱系固方案图，供装卸公司在装箱同时按要求进行系固操作。

只有经船长和大副核准并签字后，该初配积载计划才能作为指导船舶装箱作业的正式积载计划。正式积载计划与初配积载计划的形式和内容基本上相同。

3. 编制集装箱船实配积载文件

集装箱船积载计划在装箱过程中会因某些原因需要做一些修改。集装箱船现场理货员对每一装船集装箱箱号、所配箱位等均做有记录。船舶装箱完毕后，由船舶理货员依据现场记录负责绘制集装箱船实配积载图，集装箱船大副负责进行实际装载条件下船舶稳性、强度、吃水和吃水差的核算。该项工作可以通过对船舶计算机已存积载文件的修改和计算结果的打印来完成。实配积载文件内容通常包括：

（1）全船行箱位总图（封面图）。

（2）集装箱船各行箱位图。

（3）集装箱装船统计表。

（4）船舶稳性、强度和吃水核算结果。

集装箱船实配积载文件中全船行箱位总图和各行箱位图与积载计划中的形式和内容基本相同，只是在实配积载文件的行箱位图中删除了集装箱在堆场的箱位编号。实配积载文件中行箱位总图和各行箱位图是港口有关部门编制船舶卸箱或中途加载计划的主要依据，应当由船舶代理通过某种通信手段送交船舶各有关的挂靠港。

集装箱装船统计表用于统计实船装载的不同装港和卸港、不同状态货箱（重箱、冷藏箱、危险品箱和空箱）、不同尺度货箱（20英尺和40英尺箱）的数量和重量，以及各卸港和航次装船集装箱的合计数量和重量。

二、集装箱船积载图识读

集装箱船积载图通常由全船行箱位总图（封面图、行箱位断面总图）和每行一张的行箱位图组成。集装箱船行箱位总图是将集装箱船上每一装20英尺箱的行箱位横剖面图自船首到船尾按顺序排列而成的总剖面图，从该图上可以总览全船的箱位分布情况。集装箱船行箱位图是船舶某一装20英尺箱的行箱位横剖面图（图13-1），是对集装箱船行箱位总图上某一行箱位横剖面图的放大，在该图上可以标注和查取某一特定行所装每一集装箱的详细数据。

1. 集装箱船行箱位总图的标注方式

行箱位总图通常有如下两种标注方式。

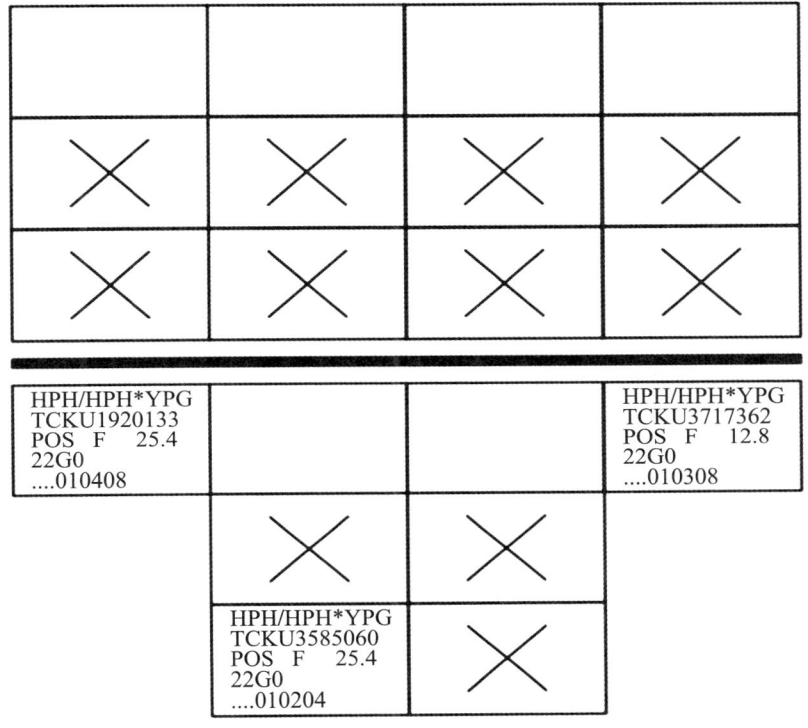

图 13-1 某船行箱位图

(1) 在总图上每一小方格内,标注以吨为单位的集装箱质量数据,并涂以代表集装箱不同卸港的特定颜色。方格内标"×",表示该箱位已被 40 英尺箱所占用。

(2) 对特殊集装箱箱位,则在其箱位方格上画"○"并在适当位置加以标注。如:"R"表示冷藏集装箱;"D6.1"表示危险品集装箱,箱内装有 6.1 类危险货物等。

因上述标注方式中代表不同卸箱港的颜色无法用单色打印机或复印机制作,也无法使用传真机传输,所以有时采用两张行箱位总图——字母图和重量图来分别标注集装箱的卸箱港和箱重。在字母图上每一装箱箱格的方格内,标注代表某一卸箱港港名的一个字母(如以"S"代表 Shanghai)。在重量图上每一装箱箱格的方格内,则仍标注以吨为单位的集装箱质量。特殊集装箱可以在字母图也可以在数字图上标注。当特殊集装箱标注内容较多时,可以单独用一张行箱位总图特别予以标注,该图被称为特殊集装箱行箱位总图(图 13-2)。

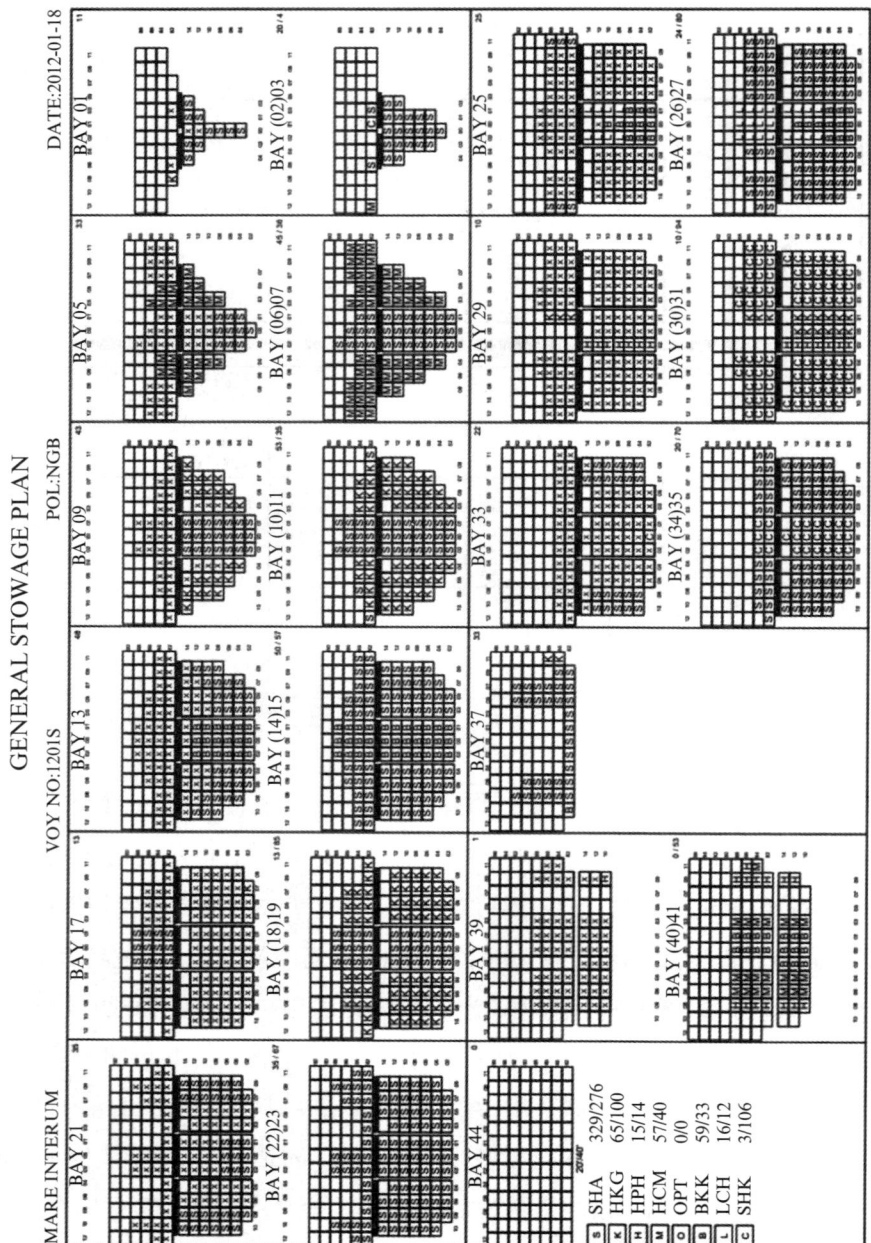

图13-2 某船箱位总图

2. 集装箱船行箱位图的标注内容

行箱位图的标注内容如图 13-3 所示,该图中所标字母和数字说明如下:

(1) 卸箱港港名缩写,如"HPH"表示海防缩写。

(2) 装箱港港名缩写,如"YPG"表示洋浦港缩写。

(3) 集装箱箱号,如"TKCU1920133"。

(4) 集装箱实际质量,如"25.4"表示 25.4 t。

(5) 集装箱在船上的箱位号或集装箱在码头堆场上的箱位编号,如箱位号"010408"。集装箱箱位号由于很容易根据其在行箱位图中所处的相对位置确定,所以这项标注常常被省略。但为便于集装箱在港内的装箱作业,集装箱装卸公司往往将待装集装箱在码头堆场上的箱位编号标注于该位置。

(6) 集装箱备注,如:"E"表示空箱;"M"表示邮件箱;"R+2+4"表示冷藏集装箱,要求的冷藏温度应保持在 2~4 ℃ 之间;"D3.1、H3.1、IMDG3.1 或 IMO3.1"通常都表示危险品集装箱,箱内装有《国际海运危险货物规则》中危险类型为 3.1 类危险货物等。

(7) 集装箱类型。"40"或"F"表示 40 英尺集装箱;"20"或"T"表示 20 英尺集装箱。40 英尺箱仅需在前一箱位上标注,而后一箱位通常标"×"。此外,对非标准集装箱,常用"∧""<"">"符号并配以数字以标注超高、左超宽或右超宽集装箱,其数字为货物超出箱体外表面的尺度。有时在行箱位图中还标出集装箱尺寸和类型代码(如"22G0"),集装箱承租人名称缩写(如"POS")等。

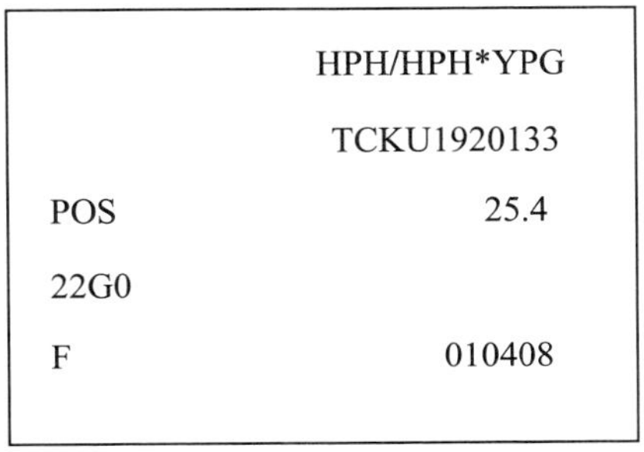

	HPH/HPH*YPG
	TCKU1920133
POS	25.4
22G0	
F	010408

图 13-3 行箱位图标识

【思考训练】

选择一份编制好的集装箱积载图进行识读。

【思考训练注意事项】

1. 教师安排讨论内容,要求各小组分工明确。

2. 活动分工:各学习团队由队长组织协商,分派工作。

3. 活动开展:学习团队可以利用各种资源进行资料查询。

4. 总结:讨论后,各团队进行资料汇总,并加以整理。

【评价标准】

团队名称		团队负责人	
团队分工			
考评标准	内容	分值/分	实际得分/分
	小组分工是否明确	10	
	资料是否详细准确	20	
	团队协作水平	20	
	编制流程熟悉程度	10	
	集装箱积载图识读水平	40	
	合计	100	

参考文献

[1] 范育军. 船舶结构与货运[M]. 哈尔滨：哈尔滨工程大学出版社,2016.
[2] 田佰军,薛满福. 船舶货运[M]. 大连：大连海事大学出版社,2013.
[3] 胡鸿湧. 船舶概论[M]. 哈尔滨：哈尔滨工程大学出版社,2015.
[4] 范育军. 船舶原理与积载[M]. 哈尔滨：哈尔滨工程大学出版社,2011.
[5] 刘红,郑剑. 船舶原理[M]. 上海：上海交通大学大学出版社,2020.
[6] 中国船级社. 货物系固手册编制指南[M]. 北京：人民交通出版社,2015.
[7] 王捷. 海上货物运输[M]. 大连：大连海事大学出版社,2015.
[8] 刘雪梅. 船舶原理[M]. 哈尔滨：哈尔滨工程大学出版社,2005.
[9] 国际海事组织. 国际海上人命安全公约综合文本2014[M]. 中华人民共和国船检局,译. 北京：人民交通出版社,2014.